Aktenstücke

zur

neuesten Geschichte Preußens

1863.

I.

Verwarnungen.

Erstes Heft.

Juni. Juli.

Springer-Verlag Berlin Heidelberg GmbH 1863

ISBN 978-3-662-38756-6   ISBN 978-3-662-39647-6 (eBook)
DOI 10.1007/978-3-662-39647-6

Antrag des Staats-Ministerii auf Erlaß einer Verordnung, betreffend das Verbot von Zeitungen und Zeitschriften.

Eurer Königlichen Majestät beehrt sich das ehrfurchtsvoll unterzeichnete Staats-Ministerium hierbei den Entwurf einer auf Grund des Artikels 63. der Verfassungs-Urkunde vom 31. Januar 1850 zu erlassenden Allerhöchsten Verordnung, die Befugniß der Verwaltungs-Behörden zum Verbot von Zeitungen und Zeitschriften betreffend, alleruntertänigst vorzulegen.

Das Staats-Ministerium hält es unter den gegenwärtigen Verhältnissen für die dringende und unerläßliche Aufgabe der Staats-Regierung, ihrerseits auf jede Weise dahin zu wirken, daß die leidenschaftliche und unnatürliche Aufregung, welche in den letzten Jahren in Folge des Parteitreibens die Gemüther ergriffen hat, einer ruhigeren und unbefangeneren Stimmung weiche. Hierzu scheint vor Allem erforderlich, daß der aufregenden und verwirrenden Einwirkung der Tagespresse kräftig und wirksam entgegen getreten werde.

Die Erfahrung der jüngsten Zeit hat von Neuem überzeugend dargethan, daß die durch das Preßgesetz vom 12. Mai 1851 lediglich in die Hand der Gerichte gelegte Einwirkung hierzu nicht ausreicht.

Die von der Verwaltung früher auf Grund der §§. 71. bis 74. der Allgemeinen Gewerbe-Ordnung vom 17. Januar 1845 in Anspruch genommene Befugniß zur administrativen Entziehung des Gewerbetriebes auch in Bezug auf die Preßgewerbe ist durch das deklaratorische Gesetz vom 21. April 1860 aufgehoben worden.

Bei den Verhandlungen, welche dem Erlasse dieser Deklaration seit dem Ende des Jahres 1858 innerhalb des damaligen Staats-Ministerium vorhergingen, war vorzugsweise der Gesichtspunkt maßgebend, die seit dem Erscheinen des Preßgesetzes vom 12. Mai 1851 unaufhörlich streitig gewesene Frage über die Zulässigkeit einer ferneren Anwendung der Bestimmungen der Gewerbe-Ordnung auf die Presse zu beseitigen. Dagegen wurde namentlich Seitens der zunächst betheiligten Ministerien des Innern und der Justiz keineswegs verkannt, daß es nicht unbedenklich sei, auf jene bis dahin geübte Verwaltungsbefugniß ohne Weiteres und ohne jeden genügenden Ersatz zu verzichten. Es wurde ausdrücklich geltend gemacht, daß durch eine solche Maßregel die Verwaltung, die nach ihrem allgemeinen Beruf, so wie nach den Absichten des Preßgesetzes den wesentlichsten Antheil an der Ueberwachung der Presse sich zu vindiciren so berechtigt als verpflichtet sei, eines der wirksamsten Mittel zur Lösung dieser Aufgabe, ja desjenigen Mittels, welches nach den Erfahrungen der letzten 10 Jahre als das allein nachhaltig und durchgreifend

1*

wirkende sich gezeigt und eben deshalb von der früheren Regierung seit Emanation der Preßverordnung vom 5. Juni 1850 als unentbehrlich festgehalten worden sei, völlig beraubt und in ihrem Einflusse auf die Presse in bedenklichster Weise ge= schwächt werden würde. Die im Ganzen bessere und besonnenere Haltung, zu welcher die Presse sich seit dem Jahre 1850 allmälig verstanden habe, sei nach allen von der Verwaltung gemachten Beobachtungen in weit geringerem Grade den durch das Preßgesetz statuirten Repressivmitteln, resp. der nach §. 54. in die Hand der Gerichte gelegten Cognition über die Concessionsentziehung, als der im Prinzip von der Regierung festgehaltenen Anwendbarkeit der §§. 71—74. der Allgemeinen Gewerbe=Ordnung auf die bei der Presse betheiligten Gewerbe zu danken.

Aus Anlaß dieser Bedenken wurden im Jahre 1859 mannigfache Vorschläge erörtert, um an Stelle der bisherigen Anwendung der §§. 71—74. der A. G.=O. auf Preßgewerbe ein anderweitiges administratives Verfahren oder eine Erweiterung der gerichtlichen Befugnisse zur Concessions=Entziehung zu setzen. Es konnte je= doch eine Verständigung über die einzuschlagenden Wege nicht erzielt werden, und es wurde deshalb von der Erledigung der Frage überhaupt und auch von der Vorlage eines deklaratorischen Gesetzes zur Zeit Abstand genommen.

Als das Staats=Ministerium darauf im Jahre 1860 auf die Angelegenheit zurückkam, glaubte dasselbe mit Rücksicht auf die damalige Haltung der Presse sich vorläufig auf die Beseitigung der Streitfrage in Betreff der §§. 71—74. der A. G.=O. beschränken, dagegen auf neue positive Bestimmungen über die Con= cessions=Entziehung fürerst verzichten zu können. Man verhehlte sich freilich auch damals innerhalb des Staats=Ministeriums nicht, daß bei einer veränderten Hal= tung der Presse das Bedürfniß anderweitiger Bestimmungen wieder hervortreten könne, und es wurde auch in dem unterm 28. Januar 1860 von dem Staats= Ministerium an Ew. Königliche Majestät erstatteten Immediatberichte Namens des Justizministers eine ausdrückliche Verwahrung dagegen wiederholt, daß durch die Rechtsprechung ein hinreichender Schutz gegen den Mißbrauch des Betriebs der Preßgewerbe in allen Fällen gewährt werden könne.

In der That ist die Hoffnung, zu welcher die damalige Haltung der Presse zu berechtigen schien, sehr bald getäuscht worden.

Je mehr die Staats = Regierung sich genöthigt sah, den unberechtigten und übertriebenen Erwartungen und Forderungen der Parteien Widerstand zu leisten, desto leidenschaftlicher und rückhaltloser mißbrauchte ein Theil der Presse die der= selben gewährte Freiheit zur heftigsten und selbst gehässigsten Opposition gegen die Regierung Ew. Königlichen Majestät und zur Untergrabung aller Grundlagen eines geordneten Staatswesens, so wie der Religion und der Sittlichkeit. An der be= klagenswerthen Verirrung der Gemüther, welcher die jetzige Lage der Staatsver= hältnisse zuzuschreiben ist, trägt unzweifelhaft die völlig ungezügelte Einwirkung der Presse einen großen Theil der Schuld.

Die positive Gegenwirkung gegen die Einflüsse derselben vermittelst der con= servativen Presse kann schon deshalb den wünschenswerthen Erfolg nur theilweise haben, weil die meisten der oppositionellen Organe durch eine langjährige Gewöh= nung des Publikums und durch die industrielle Seite der betreffenden Unterneh= mungen eine Verbreitung besitzen, welche nicht leicht zu bekämpfen ist.

Die Einwirkung der Justiz-Behörden aber auf Grund des Preßgesetzes vom 12. Mai 1851 und des Strafgesetzbuches hat sich als unzureichend erwiesen, um die Ausschreitungen der Presse erfolgreich zu hindern. Der Kampf wird seitens der Letzteren zum Theil auf eine Weise geführt, bei welcher die Remedur durch die Rechtspflege kaum möglich ist. Die gehässigsten Angriffe und Insinuationen gegen die Staats-Regierung, ja gegen die Krone selbst, werden mit Vorbedacht so gefaßt, daß sie zwar für Jedermann leicht verständlich, auch für die große Masse des Volkes zugänglich und von verderblichster Wirkung sind, ohne jedoch jederzeit den Thatbestand einer strafbaren Handlung, wie ihn der Richter seiner Rechtsprechung zu Grunde legen muß, nachweisbar darzustellen. Oft auch bieten ganze Artikel für sich nicht die Handhabe zur gerichtlichen Verfolgung, während doch der Zusammenhang derselben mit der gesammten sonstigen Haltung des Blattes die klare Ueberzeugung von der verwerflichen und staatsgefährlichen Absicht gewährt. Es existirt eine Anzahl gerade in den unteren Schichten der Bevölkerung viel gelesener Blätter, welche auf solche Weise täglich die verderblichsten Auffassungen und Darstellungen verbreiten und augenfällig einen vergiftenden Einfluß auf die öffentliche Stimmung und auf die Sittlichkeit des Volkes üben.

Gegen diese gefährliche Einwirkung der Presse kann eine Remedur nur eintreten, wenn neben der gerichtlichen Verfolgung einzelner straffälliger Kundgebungen ein Blatt auch wegen seiner Gesammthaltung zur Rechenschaft gezogen werden kann, wenn der Staats-Regierung die Möglichkeit gegeben wird, der sichtlich und fortdauernd verderblichen Haltung eines Blattes ein Ziel zu setzen.

Indem das Staats-Ministerium die Ergreifung derartiger Maßregeln durch die obwaltenden Verhältnisse für unbedingt geboten erachtet, mußte sich dasselbe zuförderst die Frage vorlegen, ob es sich empfehle, auf den früheren durch die Declaration vom 21. April 1860 beseitigten Zustand zurückzugehen oder neue anderweitige Bestimmungen über Concessions-Entziehungen zu erlassen.

Gegen die Wiederherstellung des früheren Zustandes glaubt sich das Staats-Ministerium vorzugsweise deshalb erklären zu müssen, weil mit derselben alle die Bedenken, Zweifel und Streitigkeiten wieder aufleben würden, welche sich an die Auslegung des Begriffs der „Unbescholtenheit" in §. 1. des Preßgesetzes vom 12. Mai 1851 geknüpft haben.

Außerdem kommt in Betracht, daß eine Concessions-Entziehung nach §§. 71—74. der A. G.-O. den einzelnen Theilnehmer an einem gefährlichen Unternehmen trifft, dagegen die anderweitige Fortsetzung des gefährlichen Unternehmens selbst nicht ohne Weiteres hindern und insofern die erwartete eingreifende Wirkung nicht üben würde.

Das Staats-Ministerium hat sich deshalb dahin entschieden, einen anderen direkteren Weg zu betreten und das Verfahren grade auf das Verbot des einzelnen gefährlichen Preßerzeugnisses, der bezüglichen Zeitung oder Zeitschrift zu richten.

Bei der Beurtheilung der Nothwendigkeit eines Verbots soll die Ueberzeugung maßgebend sein, daß eine Zeitung durch ihre fortdauernde Haltung die öffentliche Wohlfahrt gefährde.

Als Kriterien einer solchen Haltung sind ausdrücklich dieselben Ausschreitungen angenommen, welche nach dem Strafgesetzbuch ein gerichtliches Einschreiten begründen, nur eben mit dem Unterschiede, daß Letzteres auf die einzelnen Aeußerungen gerichtet ist, in welchen ein bestimmter strafbarer Thatbestand vorliegt, während bei dem administrativen Verfahren das Vorhandensein der Ausschreitung nach den im Strafgesetzbuch erwähnten Richtungen aus der Gesammthaltung des Blattes und zwar aus seiner dauernden Gesammthaltung während einer längeren Zeit entnommen werden soll.

Die Behörde, welcher das administrative Verfahren nach dem Entwurf übertragen wird, ist ebenso wie bei den Concessions-Entziehungen nach §§. 71—74. der A. G.-O. das Plenum der betreffenden Bezirks-Regierung. Es erscheint dies um so angemessener, als die fortdauernde Kenntnißnahme von der Haltung der Presse und die Ueberwachung derselben auch sonst zu den Obliegenheiten der Regierung gehört.

Das Verfahren selbst ist mit den erforderlichen Modifikationen nach den Vorschriften des Gesetzes vom 22. Juni 1861 geordnet.

Dieselbe Befugniß, welche der Verwaltung durch die vorliegende Verordnung in Bezug auf inländische Blätter ertheilt werden soll, muß ihr consequenter Weise auch in Bezug auf auswärtige Blätter zustehen.

Durch §. 52. des Preßgesetzes vom 12. Mai 1851 ist dem Minister des Innern die Befugniß zum Verbot eines ausländischen Blattes unter der Bedingung ertheilt, daß vorher eine gerichtliche Verurtheilung desselben stattgefunden habe. Unter Aufrechterhaltung dieser Bestimmung scheint es nothwendig, der Verwaltung auch in Bezug auf die auswärtige Presse die Befugniß zuzuweisen, eine Zeitung oder Zeitschrift um ihrer staatsgefährlichen Gesammthaltung willen zu verbieten.

Der Natur der Sache nach kann dies in solchem Falle nicht durch ein Verfahren bei einer Bezirks-Regierung, sondern nur durch Beschluß des Staats-Ministeriums erfolgen.

Das Staats-Ministerium verkennt nicht die Bedeutung der in Rede stehenden Verordnung gegenüber den bisherigen Bestimmungen über die gesetzliche Regelung der Preßfreiheit.

Dasselbe ist aber zugleich überzeugt, daß die Staats-Regierung zur Ergreifung derartiger Maßregeln behufs Aufrechthaltung der öffentlichen Sicherheit nicht blos durch Art. 27. und 63. der Verfassungs-Urkunde vom 31. Januar 1850 unzweifelhaft berechtigt ist, sondern daß durch die Einführung der beabsichtigten Verordnung auch der freien Meinungs-Aeußerung, welche die Verfassung gewährleisten will, in Wahrheit kein Eintrag geschieht.

Indem den verwerflichen Ausschreitungen einer zügellosen Presse Einhalt gethan wird, wird die Preßfreiheit selbst auf den Boden der Sittlichkeit und der Selbstachtung zurückgeführt werden, auf welchem allein sie gedeihen und sich dauernd befestigen kann.

Ew. Königliche Majestät bittet demgemäß das ehrfurchtsvoll unterzeichnete Staats-Ministerium

die alleruntertthänigst beigefügte Verordnung, die Befugnisse der Verwaltungsbehörden zum Verbot von Zeitungen und Zeitschriften betreffend, Allergnädigst vollziehen zu wollen.

Berlin, den 1. Juni 1863.

Das Staats-Ministerium.

von Bismarck. von Bodelschwingh. von Roon. Graf von Itzenplitz. von Mühler. Graf zur Lippe. von Selchow. Graf zu Eulenburg. An des Königs Majestät.

Verordnung, betreffend das Verbot von Zeitungen und Zeitschriften.
Vom 1. Juni 1863.

Wir Wilhelm, von Gottes Gnaden König von Preußen 2c. verordnen, auf Antrag unseres Staats-Ministeriums und auf Grund des Artikels 63. der Verfassungs-Urkunde vom 31. Januar 1850, was folgt:

§. 1.

Die Verwaltungsbehörden sind befugt, das fernere Erscheinen einer inländischen Zeitung oder Zeitschrift wegen fortdauernder, die öffentliche Wohlfahrt gefährdender Haltung zeitweise oder dauernd zu verbieten.

Eine Gefährdung der öffentlichen Wohlfahrt ist als vorhanden anzunehmen, nicht blos wenn einzelne Artikel für sich ihres Inhaltes wegen zur strafrechtlichen Verfolgung Anlaß gegeben haben, sondern auch dann, wenn die Gesammthaltung des Blattes das Bestreben erkennen läßt oder dahin wirkt:

die Ehrfurcht und die Treue gegen den König zu untergraben,

den öffentlichen Frieden durch Aufreizung der Angehörigen des Staats gegen einander zu gefährden,

die Einrichtungen des Staats, die öffentlichen Behörden und deren Anordnungen durch Behauptung entstellter oder gehässig dargestellter Thatsachen oder durch Schmähungen und Verhöhnungen dem Hasse oder der Verachtung auszusetzen,

zum Ungehorsam gegen die Gesetze oder gegen die Anordnungen der Obrigkeit anzureizen,

die Gottesfurcht und die Sittlichkeit zu untergraben,

die Lehren, Einrichtungen oder Gebräuche einer der christlichen Kirchen oder einer anerkannten Religionsgesellschaft durch Spott herabzuziehen.

§. 2.

Das Verbot erfolgt, nach vorheriger zweimaliger Verwarnung des betreffenden Verlegers, durch Plenarbeschluß der Regierung, in deren Bezirke die Zeitung oder Zeitschrift erscheint.

§. 3.

Wenn der Regierungs-Präsident die Ueberzeugung gewinnt, daß die Haltung einer Zeitung oder Zeitschrift den in §. 1. bezeichneten Charakter hat, so hat er dem Verleger derselben zunächst eine mit Gründen unterstützte schriftliche Verwarnung zu ertheilen. Bleibt diese und eine nochmalige Verwarnung fruchtlos, so kann innerhalb der zwei auf die letzte Verwarnung folgenden Monate das Verfahren wegen des Verbots der Zeitung oder Zeitschrift bei der Regierung eingeleitet werden.

Ist innerhalb dieser Frist die Einleitung des Verfahrens nicht erfolgt, so ist vor späterer Einleitung eines solchen eine nochmalige vorherige Verwarnung erforderlich.

§. 4.

Der Präsident der Regierung verfügt eintretenden Falls die Einleitung des Untersuchungs-Verfahrens und bezeichnet den Beamten, welcher die Verrichtungen der Staatsanwaltschaft wahrzunehmen hat.

Letzterer überreicht der Regierung die Anschuldigungsschrift.

Der Angeschuldigte (der Verleger) wird unter abschriftlicher Mittheilung derselben zu einer vom Regierungs-Präsidenten zu bestimmenden Plenarsitzung zur Verhandlung vorgeladen. Bei dieser Verhandlung, welche in nicht öffentlicher Sitzung stattfindet, so wie bei der Entscheidung der Sache wird nach Vorschrift der §§. 35. bis 39. und 31. des Gesetzes, betreffend die Dienstvergehen der nicht richterlichen Beamten vom 21. Juli 1852 (Gesetz-Sammlung S. 465), verfahren. Die Entscheidung kann jedoch nur auf Zurückweisung der Anklage oder auf zeitweises oder dauerndes Verbot des ferneren Erscheinens der Zeitung oder Zeitschrift lauten.

§. 5.

Gegen die Entscheidung der Regierung steht dem Staatsanwalt, wie dem Verleger der Rekurs an das Staatsministerium binnen zehn Tagen zu. Im ersteren Falle ist die Rekursschrift des Staatsanwalts dem Verleger mit einer präklusivischen Frist von zehn Tagen zur Beantwortung mitzutheilen.

Die Einlegung des Rekurses hält jedoch die Vollstreckung einer auf dauerndes Verbot lautenden Entscheidung der Regierung nicht auf.

§. 6.

Wenn sich aus öffentlichen Ankündigungen oder aus anderen notorischen Thatsachen ergiebt, daß eine verbotene Zeitung oder Zeitschrift unter demselben oder einem anderen Namen anderweit fortgesetzt werden soll, so steht dem Präsidenten der betreffenden Regierung die Befugniß zu, dieses Unternehmen ohne Weiteres zu verbieten.

§. 7.

Wer einem auf Grund dieser Verordnung erlassenen, öffentlich oder ihm besonders bekannt gemachten Verbote entgegen eine Zeitung oder Zeitschrift verkauft, ausstellt oder sonst gewerbsmäßig vertheilt oder verbreitet, wird für jede so verkaufte, ausgestellte oder sonst gewerbsmäßig vertheilte und verbreitete Nummer, jedes Heft oder Stück derselben mit Geldbuße von zehn bis Einhundert Thalern oder mit Gefängniß von einer Woche bis zu einem Jahre bestraft.

Die Anwendung der durch die Verbreitung von Schriften strafbaren Inhalts sonst verwirkten Strafen wird durch diese Bestimmung nicht ausgeschlossen.

§. 8.

Für den Polizeibezirk von Berlin und Charlottenburg werden die in dieser Verordnung dem Regierungs-Präsidenten zugewiesenen Funktionen von dem Polizei-Präsidenten in Berlin wahrgenommen, und findet das Verfahren bei dem Polizei-Präsidium zu Berlin statt.

§. 9.

Auswärtige Blätter können wegen fortdauernder, die Wohlfahrt des preußischen Staates gefährdender Haltung (§. 1.) durch Beschluß des Staats-Ministeriums verboten werden.

§. 10.

Vorstehende Verordnung tritt mit dem heutigen Tage in Kraft.

Urkundlich unter Unserer Höchsteigenhändigen Unterschrift und beigedrucktem Königlichen Insiegel.

Gegeben Berlin, den 1. Juni 1863.

(L. S.) **Wilhelm.**

von Bismarck. von Bodelschwingh. von Roon. Graf von Itzenplitz. von Mühler. Graf zur Lippe. von Selchow. Graf zu Eulenburg.

Verwarnungen.

———

1.

Berlin. Berliner Allg. Zeitung. Berliner Reform. National-Zeitung. Spenersche Zeitung. Volks-Zeitung. Vossische Zeitung und nachträglich Berliner Abend-Zeitung.

Die in Ihrem Verlage erscheinende „N. N.-Zeitung" bringt in ihrer heutigen Morgennummer eine Erklärung verschiedener hiesiger Zeitungs-Redaktionen über die Verordnung vom 1. Juni d. J., betreffend das Verbot von Zeitungen und Zeitschriften.

In dieser Erklärung werden zuvörderst, um den Nachweis zu führen, daß die Verordnung nach Inhalt und Form mit den Vorschriften der Verfassungs-Urkunde nicht im Einklange stehe, eine Reihe von Erfordernissen für den Erlaß und die Gültigkeit solcher Verordnungen behauptet, welche durch keine gesetzliche Vorschrift begründet sind. Diese Behauptungen müssen somit als auf Entstellung der Thatsachen beruhend bezeichnet werden. Sie beruhen ferner zum Theil auch auf gehässiger Darstellung derselben. Dies gilt beispielsweise davon, daß der ausdrücklich auf Artikel 63. der Verfassungs-Urkunde gestützten Verordnung der Vorwurf gemacht wird, sie enthalte nicht die Zusage, daß sie dem Landtage bei seinem nächsten Zusammentritt zur Genehmigung vorzulegen sei, eine Behauptung, welcher eine andere als die gehässige Deutung, daß diese Vorschrift unbefolgt bleiben solle, nicht beizumessen ist.

Indem der Staatsregierung vorgeworfen wird, durch Nichterfüllung jener angeblichen Erfordernisse die schuldige Rücksicht auf das Land, auf das verfassungsmäßige Recht, und auf die Achtung, die den zur Mitwirkung bei der Gesetzgebung berufenen Körperschaften gebührt, verabsäumt zu haben, werden die durch die Verordnung vom 1. Juni d. J. getroffenen Anordnungen dem Hasse ausgesetzt.

Es wird in der Erklärung schließlich, nachdem der gedachten Verordnung die Verfassungsmäßigkeit und die gesetzliche Begründung abgesprochen worden, jeder Einzelne aus dem Volke aufgerufen, an dem Verfassungskampfe mit seinen Thaten sich zu betheiligen, eine Aufforderung, in welcher in diesem Zusammenhange eine Anreizung zum Ungehorsam gegen Anordnungen der Obrigkeit zu finden ist.

Durch diese Haltung der von Ihnen verlegten Zeitung, mit welcher die in jüngster Zeit beobachtete Gesammthaltung derselben im Einklange steht, wird die öffentliche Wohlfahrt gefährdet.

Auf Grund der §§. 1. 3. und 8. der Verordnung vom 1. Juni 1863, betreffend das Verbot von Zeitungen und Zeitschriften, ertheile ich Ihnen daher hiermit eine Verwarnung.

Berlin, den 5. Juni 1863.　　　　　　Der Polizei-Präsident.
　　　　　　　　　　　　　　　　　v. Bernuth.

2.
Magdeburg. Magdeburgische Zeitung.

In der diesjährigen Nr. 129 der in Ihrem Verlage erscheinenden „Magdeburgischen Zeitung" ist eine „Erklärung" mehrerer Zeitungsredaktionen, datirt: Berlin, den 3. d. M., abgedruckt, welcher auch die Redaktion der „Magdeburgischen Zeitung" durch ihre Unterschrift beigetreten ist und dieselbe dadurch zu der ihrigen gemacht hat.

In dieser „Erklärung" wird dem Staatsministerium vorgeworfen, durch die der königlichen Genehmigung unterbreitete Verordnung vom 1. d. M., die Befugniß der Verwaltungsbehörden zum Verbot von Zeitungen und Zeitschriften betreffend, die Vorschriften der Verfassungsurkunde verletzt zu haben, weil die Vorbedingungen fehlten, welche die Verfassungsurkunde für den Erlaß von Verordnungen ohne Mitwirkung der Landesvertretung verlangt. In dieser Beziehung wird unter anderm in Abrede gestellt, daß eine Gefährdung der öffentlichen Sicherheit oder ein Nothstand behauptet oder nachgewiesen sei, weil die leidenschaftliche und unnatürliche Aufregung, falls eine solche herrsche, noch nicht zu Handlungen übergegangen sei, während das Staatsministerium in dem der Verordnung beigefügten Berichte an des Königs Majestät dargelegt hat, wie die unleugbar vorhandene Gefährdung der öffentlichen Sicherheit den Erlaß der Verordnung dringlich erscheinen lasse. Es wird ferner die Unzulässigkeit der Verordnung aus dem Mangel eines Ministerverantwortlichkeitsgesetzes hergeleitet, dabei aber geflissentlich mit Stillschweigen übergangen und ignorirt, daß das Staatsministerium durch die Unterzeichnung der Verordnung seitens seiner sämmtlichen Mitglieder und in dem begleitenden Berichte an des Königs Majestät allerdings die im Artikel 44. der Verfassungsurkunde ausgesprochene Verantwortlichkeit für die getroffene Maßregel übernommen hat. Eben so wird getadelt, daß weder in der Einleitungsformel der Verordnung, noch in dem Berichte die ausdrückliche Zusage ertheilt sei, die Verordnung dem Landtage bei seinem nächsten Zusammentritt vorzulegen, und dadurch das Mißtrauen erregt, als habe das königliche Staatsministerium schon von vorn herein die Absicht gehabt, die bezügliche Vorschrift der Verfassungsurkunde unbefolgt zu lassen, während doch die gedachte Verordnung in der Einleitungsformel auf den Artikel 63. der Verfassungsurkunde sich stützt und sich an die in früheren ähnlichen Fällen beobachtete Praxis anschließt.

Diese thatsächlich unbegründeten Behauptungen entstellen somit die Unterlagen und Absichten, welche das königliche Staatsministerium bei Unterbreitung der Verordnung vom 1. d. M. zur königlichen Sanktion gehabt und öffentlich ausgesprochen hat, und sind deshalb geeignet, Haß gegen die königliche Staatsregierung zu erregen und dadurch die öffentliche Wohlfahrt zu gefährden.

Ganz besonders aber tritt diese verwerfliche Absicht der „Erklärung" in dem letzten Alinea derselben hervor, in welchem jeder Einzelne aus dem Volke verantwortlich für den Ausgang des Verfassungskampfes gemacht und, nachdem er daran erinnert worden, daß aus den Thaten und Erfolgen jedes Einzelnen die Thaten und Erfolge eines Volkes zusammengesetzt werden, aufgerufen wird, fest und beharrlich für seine Ueberzeugung einzutreten und Zeugniß dafür abzulegen, daß die Presse die herrschende Stimmung nicht hervorgerufen, sondern ihr nur den getreuen Ausdruck gegeben habe.

In diesen Worten muß eine Aufforderung an jeden Einzelnen aus dem Volke gefunden werden, nicht allein zu den von der Tagespresse bisher vertheidigten Ansichten ohne Rücksicht auf die darin begriffenen Ausschreitungen sich zu bekennen, sondern auch durch Handlungen, welche Erfolge erzielen, diesen Ansichten Geltung zu verschaffen; sie begreifen mithin eine öffentliche Anreizung der Menge zu thätlichem Widerstand gegen die Anordnungen der Obrigkeit in sich und gefährden die öffentliche Wohlfahrt in hohem Grade, weshalb ich auch veranlaßt habe, daß der Schriftsatz überdies dem kompetenten Richter zur Prüfung vorgelegt werde, ob darin eine dem Strafgesetze verfallene Aeußerung zu finden sei.

Abgesehen hiervon und im Hinblick auf die bis in die neueste Zeit kund gegebene Gesammthaltung der „Magdeburgischen Zeitung" ertheile ich Ihnen aus den oben entwickelten Gründen auf Grund der §§. 1. und 3. der Verordnung v. 1. d. M., betreffend die Befugnisse der Verwaltungsbehörden rc., eine Verwarnung mit den in dieser Verordnung bezeichneten Folgen.

Magdeburg, den 6. Juni 1853. Der Regierungs-Präsident.

In Vertretung:

Der Ober-Präsident v. Witzleben.

3.

Berlin. Die heitere Welt.

Das in der Nr. 50 der von Ihnen verlegten Zeitung „Die heitere Welt" abgedruckte Gedicht „Der strenge Kapitän" läßt das Bestreben erkennen, die Einrichtungen des Staats, die öffentlichen Behörden und deren Anordnungen durch Behauptung entstellter, wie auch gehässig dargestellter Thatsachen dem Hasse auszusetzen. Die gedachte Zeitung legt hierdurch eine die öffentliche Wohlfahrt gefährdende Haltung an den Tag, mit welcher die von dem Blatte fortdauernd angenommene gesammte Haltung durchaus im Einklange sich befindet. Auf Grund der §§. 1. 3. und 8. der Verordnung vom 1. Juni b. J., betreffend das Verbot von Zeitungen und Zeitschriften, ertheile ich Ihnen daher hiermit eine Verwarnung.

Berlin, den 6. Juni 1863. Der Polizei-Präsident.

v. Bernuth.

4.

Berlin. Berliner Reform.
(Zweite Verwarnung.)

Die Nr. 130 der in Ihrem Verlage erscheinenden Zeitung „Berliner Reform" liefert den Beweis, daß die in derselben abgedruckte Verwarnung vom 5. Juni d. J. fruchtlos gewesen, das bezeichnete Blatt vielmehr bei der Haltung verblieben ist, durch welche seine Verwarnung hervorgerufen worden.

Daß durch den Artikel: „Vor drei und dreißig Jahren", insbesondere dessen gehässigen Schlußsatz, dahin hat gewirkt werden sollen, die Verordnung vom 1. Juni d. J., betreffend das Verbot von Zeitungen und Zeitschriften, dem Hasse auszusetzen, ist um so weniger zu bezweifeln, als bereits der Leitartikel der Nr. 127 Ihres Blattes die Rückblicke auf frühere Geschichtsepochen und die Schicksale anderer Völker als geeigneten Ersatz für die zu beschränkende Besprechung der inneren Politik bezeichnet.

Auf Grund der §§. 1. 3. und 8. der gedachten Verordnung ertheile ich Ihnen daher hiermit eine nochmalige Verwarnung.

Berlin, den 8. Juni 1863.

Der Polizei-Präsident.

v. Bernuth.

5.

Posen. Ostdeutsche Zeitung. Ebenso Posener Zeitung.

In Erwägung, daß die in Ihrem Verlag erscheinende „Ostdeutsche Zeitung" in der Nr. 128 vom 5. d. M. die von einigen Berliner Zeitungen veröffentlichte Erklärung über die Allerhöchste Verordnung vom 1. d. M., betreffend das Verbot von Zeitungen und Zeitschriften, gleichfalls aufgenommen und durch zusätzliche, ausdrückliche Zustimmung zu der ihrigen gemacht hat;

in Erwägung, daß diese Erklärung, weil in der Eingangsformel der Allerhöchsten Verordnung vom 1. d. M. die Zusage, daß dieselbe dem Landtage bei seinem nächsten Zusammentritt zur Genehmigung vorzulegen sei, vermißt werde, und weil die Preßfreiheit nach der Verfassung nur im Wege der Gesetzgebung und nicht im Verordnungswege beschränkt werden könne, die Gesetzlichkeit und Verfassungsmäßigkeit der Allerhöchsten Verordnung vom 1. d. M. bestreitet, und auch gegen die Staatsregierung den Vorwurf erhebt, die schuldige Rücksicht auf das Land und auf die Achtung, die den zur Mitwirkung bei der Gesetzgebung berufenen Körperschaften gebühre, aus den Augen gesetzt zu haben;

in Erwägung, daß die Allerhöchste Verordnung vom 1. d. M. ausdrücklich in der Eingangsformel auf Artikel der Verfassungs-Urkunde und damit auf die dort vorgesehene sofortige Vorlegung bei dem nächsten Zusammentritt des Landtages hinweist, und daß die Verordnungsform nach §. 63. der Verfassungs-Urkunde bei dringendem Erforderniß in Abwesenheit des Landtages die legale Gesetzgebungsform ist, daß somit in den durch diese „Erklärung" geltend gemachten Ausstellungen nur die Behauptung entstellter oder gehässig dargestellter Thatsachen gefunden werden

kann, darauf berechnet, die durch die Allerhöchste Verordnung vom 1. d. M. ge=
troffenen Anordnungen dem Haſſe auszuſetzen;

in Erwägung, daß die „Erklärung" aus Anlaß dieſer angeblich verfaſſungs=
widrigen und ungeſetzlichen Allerhöchſten Verordnung jeden Einzelnen aus dem Volke
aufruft, an dem Verfaſſungskampfe mit Thaten ſich zu betheiligen, und in dieſer
Aufforderung eine Anreizung zum Ungehorſam gegen Anordnungen der Obrigkeit
gefunden werden muß;

in Erwägung endlich, daß hiernach die in der „Oſtdeutſchen Zeitung" veröf=
fentlichte Zuſtimmung zu dieſer „Erklärung" ſich als ein, die öffentliche Wohlfahrt
gefährdender Akt darſtellt, überdies auch dieſelbe Tendenz in der Geſammthaltung
der „Oſtdeutſchen Zeitung" bisher andauernd hervorgetreten iſt,

wird Ihnen mit Bezug auf §§. 1. und 3. der Allerhöchſten Verordnung
vom 1. d. M. eine Verwarnung hiermit ertheilt.

Poſen, den 8. Juni 1863.

Königliches Regierungs=Präſidium.
Toop.

6.

Erfurt. Thüringer Zeitung.

In der Nummer 132 der in Ihrem Verlage erſcheinenden Thüringer Zeitung
findet ſich eine von mehreren Redaktionen in Berlin erſcheinender Zeitungen unterm
3. d. M. veröffentlichte, auf die Allerhöchſte Verordnung vom 1. d. M., betreffend
das Verbot von Zeitungen und Zeitſchriften bezügliche, Erklärung abgedruckt, und
es wird am Schluß bemerkt: daß die Redaktion der Thüringer Zeitung ſich dieſer
Erklärung anſchließe. Wenn nun in derſelben die Behauptung aufgeſtellt wird:
daß jene Verordnung mit den Beſtimmungen der Verfaſſungs=Urkunde ſich nicht
im Einklange befinde, und als Beleg dieſer Behauptung Erforderniſſe ausgeführt
werden, von denen angeblich die Rechtsbeſtändigkeit ſolcher Verordnungen abhängig
ſein ſoll, dieſe jedoch in den beſtehenden Geſetzen ihre Begründung nicht finden, ſo
muß die gedachte Behauptung, als die Thatſachen entſtellend, angeſehen werden.

Außerdem enthält ſie theilweiſe eine gehäſſige Darſtellung der Thatſachen, na=
mentlich, wenn der ausdrücklich auf Artikel 63. der Verfaſſungs=Urkunde geſtützten
Verordnung der Vorwurf gemacht wird, ſie ertheile nicht die Zuſage, daß ſie beim
nächſten Zuſammentritt dem Landtage vorgelegt werden ſolle, eine Angabe, welcher
eine andere als die gehäſſige Deutung: dieſe Vorſchrift werde unbeachtet bleiben,
nicht füglich beigelegt werden kann.

Es werden ferner die von der Staatsregierung in jener Verordnung getroffe=
nen Maßregeln dem Haſſe ausgeſetzt, wenn ihr der Vorwurf gemacht wird, ſie
habe dadurch, daß ſie jene angeblichen Erforderniſſe nicht erfüllt, die ſchuldige Rück=
ſicht auf das Land, auf das verfaſſungsmäßige Recht, und auf die Achtung, die
den zur Mitwirkung bei der Geſetzgebung berufenen Körperſchaften gebührt, außer
Augen geſetzt. —

Wenn endlich in jener Erklärung, nachdem der gedachten Verordnung die ge=
ſetzliche Begründung und die Verfaſſungsmäßigkeit abgeſprochen worden, jeder Ein=

zelne aus dem Volke aufgerufen wird, sich mit seinen Thaten an dem Verfassungskampfe zu betheiligen, so muß hierin und in jener Zusammenstellung eine Anreizung
zum Ungehorsam gegen obrigkeitliche Anordnungen gefunden werden.

Durch die Aufnahme dieser Erklärung in die von Ihnen verlegte Zeitung,
deren Gesammthaltung schon seit längerer Zeit von der Art gewesen ist, daß sie
zu sehr wesentlichen Ausstellungen vielfach Anlaß geboten hat, wird offenbar die
öffentliche Wohlfahrt gefährdet. Deshalb sehe ich mich genöthigt, Ihnen auf Grund
der §§. 1. 3. und 8. der Verordnung vom 1. Juni cr., betreffend das Verbot
von Zeitungen und Zeitschriften, eine Verwarnung zu ertheilen.

Erfurt, den 8. Juni 1863.

Der Regierungs-Präsident.
v. Bignau.

Anmerkung der Thüringer Zeitung: Da in der von uns abgedruckten Erklärung mit
keinem Worte davon die Rede ist, daß „jeder Einzelne aus dem Volke aufgerufen
wird, sich mit seinen Thaten an dem Verfassungskampfe zu betheiligen," so
wissen wir nicht, wie wir den hieraus abgeleiteten Vorwurf uns zugezogen haben. Wir haben
den Schlußsatz in der Erklärung der Berliner Zeitungen, der allerdings einen solchen Aufruf enthält, beim Abdruck mit Vorbedacht weggelassen.

7.
Liebenwerda. Volks-Bote.

Auf Grund der §. 1. und 3. der Verordnung vom 1. d. M. wird Ihnen
wegen des in der am 6. d. M. erschienenen Nr. 19 des von Ihnen verlegten
„Volks-Boten, Wochenblatt für Stadt und Land", enthaltenen Artikels mit der Ueberschrift: „Das persönliche Regiment" und wegen des in derselben Nummer mitge-
theilten Korrespondenz-Artikels aus Berlin, in welchem der Bau von Panzerschiffen
besprochen wird, eine Verwarnung ertheilt.

Der erste dieser Artikel giebt durch seinen ganzen Inhalt und namentlich
durch den Schlußsatz das Bestreben zu erkennen, die Ehrfurcht und Treue gegen
Se. Majestät den König zu untergraben. Es ist dies überdem in vollem Bewußt-
sein der Sträflichkeit und Verwerflichkeit des Inhalts dieses Artikels geschehen,
indem in dem unmittelbar darauf folgenden „redactionellen Publikandum" hinge-
deutet wird, daß dieser Artikel eine Verwarnung nach Maßgabe der Eingangs
gedachten Verordnung zur Folge haben werde.

Wenn in dem zweiten Artikel hervorgehoben wird, daß beinahe alle größeren
europäischen Staaten und namentlich auch Frankreich und England Offiziere nach
Amerika geschickt haben, um sich dort auf der hohen Schule für Panzerschiffbauten
durch den Augenschein zu unterrichten, „während Preußen, wenn wir nicht etwa
falsch unterrichtet sind, nach den englischen Mustern von Panzerschiffen bauen wird,
die sich, wie bereits notorisch feststeht, auf dem amerikanischen Kriegsschauplatze
durchaus nicht bewährt haben," so werden dadurch die auf die Beschaffung solcher
Schiffe gerichteten Anordnungen der Behörden geradezu verhöhnt und dem Hasse
und der Verachtung ausgesetzt. Eine solche Verhöhnung liegt schon in der gewählten
Gegenüberstellung des Verfahrens der benannten ausländischen und der preußischen
Behörden und findet ihren jeder anderen Deutung unfähigen Ausdruck in der

Behauptung, daß Preußen Panzerschiffe nach Mustern bauen lasse, die sich, wie bereits notorisch feststehe, durchaus nicht bewährt haben. Der eingeschobene Zwischensatz: — „wenn wir nicht etwa falsch unterrichtet sind“, stellt die gehässige Absicht nur in ein um so helleres Licht, als selbst der eigene Zweifel an der Richtigkeit der gemachten Angaben von deren Mittheilung nicht abzuhalten vermocht hat.

Da durch die in diesen Artikeln sich kundgebenden Tendenzen und die denselben entsprechende Gesammthaltung des von Ihnen herausgegebenen Wochenblatts die öffentliche Wohlfahrt gefährdet wird; so hat die Ihnen hiermit ertheilte Verwarnung in jeder Beziehung für geboten erachtet werden müssen.

Merseburg, den 9. Juni 1863.   Der Regierungs=Präsident.

Rothe.

8.

Hagen. Westfälische Volks=Zeitung.

Die in Ihrem Verlage erscheinende „Westfälische Volks=Zeitung“ enthält in ihrer Nr. 57 vom 7. d. Mehreres, was der Allerhöchsten Verordnung vom 1. Juni l. J. zuwiderläuft. Zunächst wird in der politischen Uebersicht die preußische Verfassung, unverkennbar nur höhnisch, ein Meisterstück genannt, und weiterhin sowohl die thatsächliche Grundlage, auf welche hin die Staatsregierung von dem ihr nach Artikel 63. der Verfassungs=Urkunde zustehenden Rechte Gebrauch gemacht hat, als auch die daraus hervorgegangene Anordnung selbst in gehässiger Weise dargestellt. Nachdem sodann in darauf folgenden Artikeln verschiedene andere Mittel, um dieser Anordnung entgegen zu wirken, bezeichnet und empfohlen worden, geht der Korrespondenz=Artikel d. d. Berlin 5. Juni, so weit, mittelst einer geschichtlichen Parallele und in gesperrter Schrift auf die Herausforderung des unverjährbaren Nothrechts des Volkes gegen das vorgebliche Nothrecht der Krone und deren verhängnißvollen Ausgang für letztere, und dadurch in wenig verhüllter Weise auf einen geradezu revolutionären Weg zum Ungehorsam gegen das Gesetz hinzuweisen. Derartige Kundgebungen beweisen die Fortdauer der auch schon vor Erlaß der Allerhöchsten Verordnung vom 1. Juni b. J. an den Tag gelegten, die öffentliche Wohlfahrt gefährdenden Haltung Ihres Blattes, und v e r w a r n e ich Sie daher auf Grund des §. 3. jener Verordnung hiedurch, mit solcher Haltung fortzufahren.

Arnsberg, den 9. Juni 1863.

Der Regierungs=Präsident.

v. Spankeren.

9.

Danzig. Danziger Zeitung.

Die in Ihrem Verlage erscheinende „Danziger Zeitung“ enthält in Nr. 1892 eine Erklärung verschiedener Zeitungs=Redaktionen über die Allerhöchste Verordnung vom 1. Juni b. J., betreffend das Verbot der Zeitungen und Zeitschriften.

In dieser Erklärung, welcher die Redaktion der Danziger Zeitung beigetreten ist, find Behauptungen enthalten, welche theils auf Entstellung von Thatsachen, theils auf gehäffiger Darstellung derselben beruhen. Indem darin der Verordnung vom 1. Juni d. J. die Verfassungsmäßigkeit und die gesetzliche Begründung ab= gesprochen wird, werden die dadurch getroffenen Anordnungen dem Haffe ausgesetzt. Endlich ist eine Anreizung zum Ungehorsam gegen die Anordnungen der Obrigkeit darin zu finden, daß schließlich in dieser Erklärung jeder Einzelne aus dem Volke aufgerufen wird, an dem Verfassungskampfe mit seinen Thaten sich zu betheiligen.

Durch solche Erklärungen, mit denen übrigens die Gesammthaltung der von Ihnen verlegten Zeitung im Einklang steht, wird die öffentliche Wohlfahrt gefährdet. Auf Grund der §§. 1. 3. 8. der Allerhöchsten Verordnung vom 1. Juni d. J. ertheile ich Ihnen daher hiermit eine Verwarnung.

Danzig, den 10. Juni 1863.   Das Regierungs=Präsidium.
Pavelt.

10.

Guben. Fortschritt.

In der am gestrigen Tage erschienenen Nr. 46 der von Ew. Wohlgeboren herausgegebenen Zeitschrift: „Der Fortschritt" strebt der erste, den Titel: „Beitrag zu den Wörterbüchern der deutschen Sprache" führende Artikel, unser Vaterland und Volk der Verachtung preis zu geben und wird in dem zweiten Artikel: „Politische Nachrichten" die, die Zeitpresse betreffende Allerhöchste Verordnung vom 1. d. M. durch gehäffige Darstellung einem schmähenden Urtheil unterzogen. Hiernach und mit Rücksicht auf die bisherige Gesammthaltung der genannten Zeit= schrift ertheile ich Ihnen auf den Grund des §. 1. der Verordnung vom 1. Juni cr. hiermit eine Verwarnung.

Frankfurt a. O., den 10. Juni 1863.   Der Regierungs=Präsident.
Münchhausen.

11.

Elbing. Neuer Elbinger Anzeiger.

Der in Ihrem Verlage erscheinende „Neue Elbinger Anzeiger" enthält in Nr. 2027 eine Erklärung verschiedener Zeitungs=Redaktionen über die Allerhöchste Verordnung vom 1. Juni d. J., betreffend das Verbot von Zeitungen und Zeitschriften.

In dieser Erklärung, welcher die Redaktion des Neuen Elbinger Anzeigers beigetreten ist, find Behauptungen enthalten, welche theils auf Entstellung von Thatsachen, theils auf gehäffiger Darstellung derselben beruhen. Indem darin der Verordnung vom 1. Juni d. J. die Verfassungsmäßigkeit und die gesetzliche Be= gründung abgesprochen wird, werden die dadurch getroffenen Anordnungen dem Haffe ausgesetzt. Endlich ist eine Anreizung zum Ungehorsam gegen die Anord= nungen der Obrigkeit darin zu finden, daß schließlich in dieser Erklärung jeder Einzelne aus dem Volke aufgerufen wird, an dem Verfassungskampfe mit seinen Thaten sich zu betheiligen.

Durch solche Erklärungen, mit denen übrigens die Gesammthaltung der von

Ihnen verlegten Zeitung im Einklang steht, wird die öffentliche Wohlfahrt gefährdet. Auf Grund der §§. 1. 3. und 8. der Allerhöchsten Verordnung vom 1. Juni d. J. ertheile ich Ihnen daher hiermit eine Verwarnung.

Danzig, den 10. Juni 1863.　　　　　Das Regierungs=Präsidium.

Pavelt.

12.

Kolberg. Kolberger Zeitung.

Die in Ihrem Verlage erscheinende „Kolberger Zeitung" bringt in Nr. 68 einen mit „die Preßordonnanzen vom 1. Juni" überschriebenen Artikel, in welchem auszuführen versucht wird, daß die Allerhöchste Verordnung vom 1. Juni d. J., betreffend das Verbot von Zeitungen und Zeitschriften, in die Eigenthumsverhält= nisse eines erheblichen Theils der Staatsbürger eingreife und daß dieselbe einem großen Kapitale im Lande jede Rechtssicherheit nehme. Der Artikel stellt die Frage: Hat die Regierung wirklich gar nicht daran gedacht, daß sie mit ihrem Erlaß vom 1. Juni ein Eigenthum ihrer Staatsbürger im Werthe von Millionen, an dessen Vorhandensein und Vertrieb der rechtliche Erwerb, ja die Existenz von Tausenden fleißiger, rechtschaffener und gesetzliebender Staatsbürger hängt, mit Vernichtung bedroht und zwar mit Vernichtung ohne Urtheil und Recht, ohne einen Prozeß, ohne einen Spruch des Gerichtshofes, also ohne alle vor Irrthum und Uebereilung schützende Formen, lediglich auf dem Wege der Verwaltung durch die Polizei? Wenn schon der in der Ueberschrift des Artikels gebrauchte, im Context wiederholte Ausdruck „Ordonnanzen" in gehässiger Weise den Charakter der Allerhöchsten Verord= nung vom 1. Juni d. J. zu entstellen sucht, so enthält die vorstehend angeführte Frage so wenig deutungsbedürftige Schmähungen der von der Staatsregierung durch den Erlaß jener Verordnung getroffenen Anordnung, daß darin das Be= streben des Blattes, diese Anordnung dem Hasse auszusetzen, unverkennbar zu Tage tritt.

Der in Nr. 69 derselben Zeitung enthaltene Leitartikel: „der Artikel einhun= dert und eilf der Verfassung" sucht auszuführen, daß die von der Allerhöchsten Verordnung vom 1. Juni. d. J. betroffenen Personen ihrem ordentlichen Richter entzogen, ihr Vermögen von dem Urtheile der Verwaltungsbehörden abhängig ge= macht worden sei, sie habe „Ausnahmegerichte" oder „außergerichtliche Kommissionen" eingeführt. Eine solche Anordnung widerstreite dem Artikel 7. der Verfassung, so= lange als dieser Artikel 7. nicht durch den Artikel 111. der Verfassungs=Urkunde suspendirt sei, welcher bestimme, daß der Artikel 7. nur für den Fall eines Krieges oder Aufruhrs bei dringender Gefahr für die öffentliche Sicherheit zeit= oder distrikt= weise außer Kraft gesetzt werden könne.

Während schon der Eingang des Leitartikels die Absicht zu erkennen giebt, damit auszudrücken, daß die Staatsregierung durch den Erlaß der Verordnung vom 1. Juni ein größeres Maß von Gewalt angewandt habe, als gesetzlich der= selben zustehe, ist in der vorstehend citirten weiteren Ausführung desselben deutlich die Behauptung ausgesprochen, daß die Verordnung vom 1. Juni d. J. mit den bestimmten Vorschriften der Verfassungs=Urkunde nicht im Einklange stehe. Durch diese Ausführung werden die Anordnungen der Staatsregierung dem Haffe ausgesetzt. Sie kennzeichnet sich auch insofern als eine gehässige Darstellung, als sie bei Besprechung des Artikels 111. der Verfassung mit Bezug auf die mehrgedachte Allerhöchste Verordnung gänzlich und augenfällig absichtlich unerwähnt läßt, daß die letztere in ihrem Eingange sich ausdrücklich auf Artikel 63. der Verfassungs-Urkunde stützt.

Im weiteren Verlaufe des Leitartikels wird die Frage aufgeworfen: ob nicht, wenn ein Verleger trotz des ergangenen Verbots fortfahre, sein Blatt auszugeben, der dann mit Ausführung des Urtheilsspruchs beauftragte Beamte Bedenken tragen müsse, daß unter veränderten Verhältnissen auf ihm die Verantwortlichkeit für sein Einschreiten lasten bleiben könne? Durch die Fassung dieser Frage leuchtet die Bejahung derselben als selbstverständlich hindurch und es ist als Antwort auf diese Frage der §. 10. Alinea 3 des Gesetzes vom 4. Juni 1851 wörtlich abgedruckt, welcher für den Fall des Belagerungszustandes die Vollstreckung der in Preßangelegenheiten ergangenen Urtheile aussetzt, bis das Staatsministerium die Suspension des Artikels 7. der Verfassungs-Urkunde ausgesprochen habe.

Der Leitartikel schließt mit den Worten: Deshalb würde nach unserer Meinung ein Beamter die Urtheile der Verwaltungsbehörde gegen die Presse so lange nur auf eigne Verantwortung exekutiren, bis das Ministerium durch offene Proklamirung des Kriegszustandes und spezielle Aufhebung des Artikels 7. der Verfassung der gesetzlichen Vorschrift Genüge geleistet hat. In Zeiten, wie die unsrigen, ist es doppelt wichtig, sich streng an die Gesetze zu halten und der preußische Beamtenstand ist, Gott sei Dank, daran gewöhnt, die Gesetze hoch und heilig zu halten. In der Erklärung, daß die Allerhöchste Verordnung vom 1. Juni den gesetzlichen Vorschriften widerstreite, ferner, daß ein Beamter, der mit Ausführung eines in Gemäßheit dieser Verordnung ergangenen Urtheilsspruchs beauftragt sei, fürchten müsse, nach Vollziehung dieses Auftrages zur Verantwortung gezogen zu werden, endlich in der der ganzen Haltung des Leitartikels entsprechenden Zuversicht, daß die Beamten gewöhnt seien, die Gesetze hoch und heilig zu halten, kann ein anderes als eine Anreizung der Staatsbeamten zum Ungehorsam gegen die Gesetze nicht gefunden werden. Da hiernach die Kolberger Zeitung diejenige Gesammthaltung bethätigt, welche der §. 1. der Allerhöchsten Verordnung vom 1. Juni d. J. als für die öffentliche Wohlfahrt gefährlich bezeichnet, so ertheile ich Ihnen auf Grund des §. 3. dieser Verordnung hierdurch eine Verwarnung.

Cöslin, den 11. Juni 1863.   Der Regierungs-Präsident.
Naumann.

13.

Dortmund. Westfälische Zeitung.

Die Nr. 154 der in Ihrem Verlage erscheinenden „Westfälischen Zeitung" bringt als Leitartikel eine in jüngster Zeit mehrfach von Blättern regierungsfeindlicher Tendenz verbreitete Darstellung einer Episode aus der Geschichte Karls X. von Frankreich unter dem Titel: „Vor 33 Jahren."

Obgleich der Form nach lediglich eine objektive, historische Schilderung ent-

2*

haltend, läßt der fragliche Artikel doch unschwer erkennen, daß die Veröffentlichung desselben einen Angriff auf die unter dem 1. d. M. erlassene Allerhöchste Verordnung betreffend das Verbot von Zeitungen und Zeitschriften bezweckt, und daß die Form des Rückblicks auf eine frühere Geschichtsepoche eben nur Schein und lediglich um deßwillen gewählt ist, damit die Ausführung der gesetzwidrigen Absicht gerichtlicher Ahndung entzogen werde. — Eine ähnliche Tendenz wird weiterhin in derselben Nummer Ihres Blattes durch den Artikel „Zur Arbeiterfrage" verfolgt. Unter dem Schein der Besprechung einer national-ökonomischen Controverse wird in demselben die Gefährdung des öffentlichen Friedens straflos zu verüben versucht.

Derartige Kundgebungen müssen nach Maßgabe der vorerwähnten Verordnung vom 1. Juni d. J. als eine verderbliche, „die öffentliche Wohlfahrt gefährdende" Haltung Ihres Blattes dokumentirend bezeichnet werden, während zugleich die wiederholte Anwendung des oben dargelegten Kunstgriffes und die Gesammtrichtung Ihres Blattes in jüngster Zeit diese Haltung als eine „dauernde" qualificiren. Demzufolge ertheile ich Ihnen hiermit auf Grund der §§. 1. und 3. der Verordnung vom 1. Juni d. J., betreffend das Verbot von Zeitungen und Zeitschriften, eine Verwarnung.

Arnsberg, den 11. Juni 1863. Der Regierungs-Präsident.
v. Spankeren.

Anmerk.: Der vorstehend erwähnte Artikel „zur Arbeiterfrage" gab aus der „N. Fr. Ztg." eine Erklärung Karl Blinds in London gegen Lassalle wieder.

14.

Halle. Hallische Zeitung (Courier).

In der Beilage zu Nr. 128 der in Ihrem Verlage erscheinenden „Hallischen Zeitung" („Hallischer Courier") ist ein mit der Ueberschrift: „Das oktroyirte Preßgesetz" versehener Artikel enthalten, welcher nach Inhalt und Form das Bestreben zu erkennen giebt, die Ehrfurcht und Treue gegen Se. Majestät den König zu untergraben, sowie Haß gegen die königliche Staatsregierung zu erregen und dadurch die öffentliche Wohlfahrt zu gefährden. Denn es wird in diesem Artikel die Allerhöchste Verordnung, betreffend das Verbot von Zeitungen und Zeitschriften, vom 1. Juni 1863, der gehässigsten Kritik unterworfen und das oben bezeichnete Bestreben findet namentlich in den Sätzen: „Mit dem gestern veröffentlichten oktroyirten Preßgesetze ist der Weg der ordentlichen verfassungsmäßigen Gesetzgebung verlassen. Zwar stützt sich die Oktroyirung selbst noch auf einen Artikel unserer Verfassung, aber schon die flüchtigste Betrachtung lehrt, daß sie damit nur einen ganz äußerlichen Halt gewonnen hat", so wie in dem weiteren Satze: „Gesetze und Gerichte, ehemals die festeste Stütze des preußischen Staates, sie reichen für die gegenwärtige Regierung nicht mehr aus", seinen unzweideutigsten Ausdruck. Dieselbe Tendenz geht daraus hervor, daß die Redaktion in der Beilage zu No. 129 der „Hallischen Zeitung" der bekannten, unter dem 3. d. M. gegen die Allerhöchste Verordnung vom 1. d. M. gerichteten Erklärung der Redaktionen von sechs in Berlin erscheinenden Zeitungen unter Hinweisung auf die Ausführungen in dem vorher erwähnten Artikel „das oktroyirte Preßgesetz" ausdrücklich sich angeschlossen.

Im Hinblick hierauf und auf die sonst kund gegebene Gesammthaltung der in Ihrem Verlage erscheinenden „Hallischen Zeitung" wird Ihnen auf Grund der §§. 1. und 3. der Verordnung vom 1. d. M., betreffend das Verbot von Zeitungen und Zeitschriften, eine Verwarnung mit den in dieser Verordnung bezeichneten Folgen hiermit ertheilt.

Merseburg, den 12. Juni 1863.   Der Regierungs-Präsident.

Rothe.

15.

Bromberg. Bromberger Zeitung.

Die Nr. 129 der in Ihrem Verlage erscheinenden Bromberger Zeitung vom 6. d. M. enthält eine von verschiedenen Zeitungs-Redactionen ausgegangene Erklärung d. d. Berlin, den 3. d. M. über die Allerhöchste Verordnung vom 1. d. M., betreffend das Verbot von Zeitungen und Zeitschriften, mit dem Zusatz: „Die Redaction der Bromberger Zeitung schließt sich der obigen Erklärung an."

In dieser Erklärung werden zum Nachweise, daß die bezeichnete Verordnung mit der Verfassungs-Urkunde nicht im Einklange stehe, eine Reihe von Erfordernissen für den Erlaß und die Gültigkeit solcher Verordnungen behauptet, welche durch keine gesetzliche Vorschrift begründet sind, und muß deshalb diese Behauptung, als auf Entstellung der Thatsachen beruhend, bezeichnet werden.

Die Erklärung enthält theilweise auch darin eine gehässige Darstellung, daß der Verordnung vom 1. Juni d. J., welche sich in der Eingangsformel ausdrücklich auf Grund des Artikels 63. der Verfassungs-Urkunde stützt, der Vorwurf gemacht wird, sie enthalte nicht die Zusage, daß sie dem Landtage bei seinem nächsten Zusammentritt vorgelegt werden würde, eine Behauptung, welcher eine andere als die gehässige Deutung, daß diese Vorschrift unbeachtet bleiben solle, nicht beizumessen ist.

Es werden ferner die von der Staatsregierung in der Verordnung vom 1. Juni d. J. getroffenen Maßregeln dem Hasse ausgesetzt, indem ihr der Vorwurf gemacht wird, durch Nichterfüllung jener angeblichen Erfordernisse die schuldige Rücksicht auf das Land, auf das verfassungsmäßige Recht und auf die Achtung, die den zur Mitwirkung bei der Gesetzgebung berufenen Körperschaften gebührt, verabsäumt zu haben.

Schließlich wird in jener Erklärung vom 3. d. M., nachdem der gedachten Verordnung die Verfassungsmäßigkeit und die gesetzliche Begründung abgesprochen worden, jeder Einzelne aus dem Volke daran erinnert, daß er mit verantwortlich sei, an dem Verfassungskampfe mit seinen Thaten sich zu betheiligen, eine Aufforderung, in welcher in diesem Zusammenhange eine Anreizung zum Ungehorsam gegen die Anordnungen der Obrigkeit zu finden ist.

Deshalb halte ich mich für verpflichtet, Ihnen wegen der Aufnahme dieser die öffentliche Wohlfahrt gefährdenden Erklärung und wegen der durch die Redaction der Bromberger Zeitung durch den Beitritt zu derselben bekundeten Richtung, auf den Grund der §§. 1. 3. und 8. der Verordnung vom 1. Juni d. J., betreffend das Verbot von Zeitungen und Zeitschriften, hiermit eine Verwarnung zu ertheilen.

Bromberg, den 12. Juni 1863.   Der Regierungs-Präsident.

Schleinitz.

16.

Berlin. Die heitere Welt.
(Zweite Verwarnung.)

Die Nr. 51 der in Ihrem Verlage erscheinenden Zeitung „Die heitere Welt" beobachtet dieselbe Haltung, um deretwillen Ihnen die in dieser Nummer abgedruckte Verwarnung vom 6. Juni d. J. ertheilt worden ist. Insbesondere legen die Verse überschrieben »Tout même chose« und „Wechsel-Couplet" das Bestreben an den Tag, die Einrichtungen des Staats und die öffentlichen Behörden durch Schmähungen und Verhöhnungen dem Hasse auszusetzen. Nachdem die Ihnen ertheilte Warnung somit fruchtlos geblieben, ertheile ich Ihnen hiermit auf Grund der §§. 1. 3. und 8. der Verordnung vom 1. Juni d. J., betreffend das Verbot von Zeitungen und Zeitschriften, eine nochmalige Verwarnung.

Berlin, den 13. Juni 1863.

Der Polizei-Präsident.
v. Bernuth.

17.

Berlin. Berliner Börsen-Zeitung.

Die in Ihrem Verlage erscheinende „Berliner Börsen-Zeitung" hat ihre seit lange fortgesetzt beobachtete, die öffentliche Wohlfahrt gefährdende Haltung auch seit dem Erlaß der Verordnung vom 1. Juni d. J., betreffend das Verbot von Zeitungen und Zeitschriften, nicht aufgegeben.

Hierfür liefern beispielsweise die Morgennummern vom 3., 4., 12., 13. Juni d. J. (Nr. 251, 253, 267, 269) den Beleg. Die Artikel jener Blätter, beginnend mit den Worten:

„Gleichzeitig mit der telegraphischen Nachricht",

„So wenig wir unsere Zeitung",

„Das Rescript des Ministers des Innern",

„Das Tilsiter Wochenblatt enthält ein Protokoll",

lassen sämmtlich das Bestreben erkennen, die Einrichtungen des Staats, die öffentlichen Behörden und deren Anordnungen, namentlich die Verordnung vom 1. Juni d. J., betreffend das Verbot von Zeitungen und Zeitschriften, und das Rescript des Herrn Ministers des Innern vom 6. Juni d. J. an die Kommunal-Aufsichtsbehörden durch Behauptung theils entstellter, theils gehässig dargestellter Thatsachen dem Hasse auszusetzen.

Auf Grund der §§. 1. 3. und 8. der gedachten Verordnung vom 1. Juli d. J. ertheile ich Ihnen daher hiermit eine Verwarnung.

Berlin, den 13. Juni 1863.

Der Polizei-Präsident.
v. Bernuth.

Anmerk.: Der vorstehend erwähnte Artikel aus Tilsit enthielt die von der dortigen Stadtverordnetenversammlung beschlossene Adresse.

18.

Berlin. Beobachter an der Spree.

Die in Ihrem Verlage erscheinende Zeitung „der Beobachter an der Spree" verfolgt seit neuerer Zeit fortdauernd eine die öffentliche Wohlfahrt gefährdende Haltung. — Insbesondere tritt diese in dem vom 15. Juni b. J. datirten Stück 24 hervor, indem das auf Seite 377 abgedruckte Gedicht „Preßfreiheit" das Bestreben erkennen läßt, die durch die Verordnung vom 1. Juni b. J., betreffend das Verbot von Zeitungen und Zeitschriften, getroffenen Anordnungen durch Verhöhnungen dem Hasse auszusetzen. — Auf Grund der §§. 1. 3. und 8. ertheile ich Ihnen daher hiermit eine Verwarnung.

Berlin, den 13. Juni 1863.

Der Polizei-Präsident.
v. Bernuth.

19.

Berlin. Berliner Montags-Zeitung.

Die in Ihrem Verlage erscheinende „Berliner Montags-Zeitung" hat seit ihrer Gründung eine die öffentliche Wohlfahrt gefährdende Haltung beobachtet, indem sie das Bestreben hat erkennen lassen, die Einrichtungen des Staats, die öffentlichen Behörden und deren Anordnungen durch Schmähungen und Verhöhnungen dem Hasse oder der Verachtung auszusetzen. — Auch die Nr. 23 vom 8. Juni b. J. verfolgt diese Richtung vorzugsweise in dem Feuilleton, und zwar in fast sämmtlichen dort abgedruckten Mittheilungen, welche größtentheils darauf berechnet sind, die Verordnung vom 1. Juni b. J., betreffend das Verbot von Zeitungen und Zeitschriften, durch Verhöhnung dem Hasse auszusetzen. — Auf Grund der §§. 1. 3. 8. dieser Verordnung ertheile ich Ihnen daher hiermit eine Verwarnung.

Berlin, den 13. Juni 1863.

Der Polizei-Präsident.
v. Bernuth.

20.

Stettin. Neue Stettiner Zeitung. Ostsee-Zeitung. Pommersche Zeitung.

Die in Ihrem Verlage erscheinende „Neue Stettiner Zeitung" hat in ihre Abend-Ausgabe vom 5. b. M. (Nr. 256) die Erklärung verschiedener Berliner Zeitungs-Redactionen vom 3. b. M. über die vermeintliche Verfassungswidrigkeit der Verordnung vom 1. b. M., betreffend das Verbot von Zeitungen und Zeitschriften, wörtlich aufgenommen und schließt sich derselben ausdrücklich an. Da sich sonach die Redaction Ihrer Zeitung den Inhalt dieser Erklärung angeeignet hat, und ich den Gründen nur beitreten kann, aus welchen sich der Königliche Polizei-Präsident in Berlin in Folge der letztern unterm 5. b. M. zu einer schriftlichen Verwarnung der betreffenden Berliner Zeitungen veranlaßt gesehen hat, so ertheile ich Ihnen, unter Hinweisung auf diese, durch Aufnahme in die Berliner und andere Zeitungen, namentlich auch in die Ihrige zur allgemeinen Publizität gelangten Gründe hiermit in Gemäßheit der §§. 1. und 3. der allegirten Verordnung vom 1. d. M. eine Verwarnung.

Stettin, den 13. Juni 1863.　　　Der Regierungs-Vice-Präsident.

v. Werthern.

21.

Spandau. Anzeiger für das Havelland.

Die Gesammthaltung der in Ihrem Verlage erscheinenden Zeitschrift „Anzeiger für das Havelland" läßt das Bestreben erkennen, die öffentlichen Behörden und deren Anordnungen durch Behauptung entstellter und gehässig dargestellter Thatsachen dem Hasse auszusetzen, sowie zum Ungehorsam gegen die Gesetze und gegen Anordnungen der Obrigkeit anzureizen. Dies Bestreben ergiebt sich nicht allein aus dem Artikel in Nr. 44 jener Zeitschrift, überschrieben: „Die neue Preßverordnung", worin die Erklärungen mehrerer Berliner Zeitungen, welche bereits zu Verwarnungen der letzteren durch die kompetente Behörde Anlaß gegeben, gebilligt werden — und aus dem Schlusse des Artikels über die Berliner Stadtverordneten, in welchem aufgefordert wird, den Stadtverordneten, welche im Widerspruch mit der gesetzlichen Vorschrift des §. 35. der Städte-Ordnung vom 31. Mai 1853 (Gesetzsammlung Nr. 275) die Verordnung über die Presse vom 1. Juni d. J. in ihre Berathungen gezogen haben. — nachzufolgen — sondern insbesondere auch aus dem in Form einer Frage gefaßten Artikel über die Verordnung vom 1. Juni c., Nr. 45 des Anzeigers. Im letzteren Artikel werden einzelne Stellen der Verfassungs-Urkunde wörtlich angeführt, dabei aber im übrigens wörtlich abgedruckten Artikel 63 der Verfassungs-Urkunde die Worte desselben „„mit Gesetzeskraft"" weggelassen und hiernach die unrichtige Auffassung zu verbreiten gesucht, daß auf Grund jenes Artikels erlassene Allerhöchste Verordnungen keine Akte verfassungsmäßiger Gesetzgebung seien. Auf Grund der §§. 2. und 3. der Verordnung vom 1. Juni c. — betreffend das Verbot von Zeitungen — wird Ihnen daher eine Verwarnung ertheilt.

Potsdam, den 15. Juni 1863.

Königl. Regierungs-Präsidium.

Wintzingerode.

22.

Wiedenbrück. Kleine Zeitung für Stadt und Land.

In der Nr. 24 des in Ihrem Verlage erscheinenden Wochenblatts: „Kleine Zeitung für Stadt und Land" ist in dem Artikel: „Zeichen der Zeit" die bekannte Erklärung mehrerer Berliner Zeitungen vom 3. d. M. abgedruckt, worin dieselben gegenüber der Verordnung vom 1. d. M., betreffend das Verbot von Zeitungen und Zeitschriften, Verwahrung einlegen.

Wenn in dem Artikel auf diese Erklärung die Worte folgen:

"Sie hätten sich auch noch auf Artikel 7. der Verfassung beziehen kön-nen 2c."

und damit, indem noch ein neues Argument für die vermeintliche Verfassungs-widrigkeit der Verordnung vom 1. d. M. beigebracht wird, der Königlichen Staats-regierung unzweifelhaft der Vorwurf verfassungswidrigen Handelns gemacht wer-den soll, so kann es nur als eine Verhöhnung des Königlichen Staatsministerii angesehen werden, daß der Artikel im weiteren Verlauf nach Mittheilung der jenen Zeitungen zugegangenen Verwarnung des Königlichen Polizeipräsidii zu Berlin den Satz hinzufügt:

"Wir heben aus dem zweiten Passus dieser Verwarnung die große Empfind-lichkeit des Ministeriums über den Vorwurf hervor, daß es möglicher Weise eine Vorschrift der Verfassung unbefolgt lassen könnte!"

In gleich gehässiger Weise hatte schon in Nr. 23 der Zeitung vom 6. d. M. der Artikel: "Die erste Oktroyirung", in dem Satze:

"Bisher hat sich das Volk über die Wegdeutung der Rechte gewundert 2c." die Königliche Staatsregierung beschuldigt, durch künstliche Deutungen verfassungs-mäßige Rechte des Volkes beseitigt und sich selbst verfassungswidrige Berechtigun-gen angemaßt zu haben.

Ein fernerer Artikel in Nr. 24 der Zeitung mit der Ueberschrift: "Däne-mark" enthält in den mit den Worten:

"Was das für Ansichten sind!"

beginnenden Sätzen eine schmähende Kritik einheimischer Verhältnisse insofern, als die konstitutionellen Einrichtungen Dänemarks, wo, wie es in dem Artikel heißt, "die Verfassung ohne Deutung gehalten wird," augenscheinlich nur deshalb gepriesen werden, um die diesem Bilde nicht entsprechenden Zustände Preußens in gehässiger Weise zu charakterisiren.

In den erwähnten Artikeln ist das Bestreben, durch Schmähungen und Ver-höhnungen die Einrichtungen des Staates und das Königliche Staatsministerium dem Hasse oder der Verachtung auszusetzen, unverkennbar.

Da hiernach der Inhalt der bezeichneten Artikel im Sinne des §. 1. der Ver-ordnung vom 1. d. M. die öffentliche Wohlfahrt gefährdet, auch die beobachtete Gesammthaltung des Blattes dies Urtheil unterstützt, so ertheile ich Ihnen auf Grund der §§. 1. und 3. der Verordnung vom 1. Juni d. J. hiermit eine Ver-warnung.

Minden, den 15. Juni 1863.

Der Regierungs-Präsident.
v. Bardeleben.

23.

Hückeswagen. Wupper-Zeitung.

Die in Ihrem Verlage erscheinende "Wupper-Zeitung" hat in der Nr. 68 vom 9. d. M. sich der Erklärung mehrerer Berliner Zeitungen vom 3. d. ejd., bezüglich der Verordnungen, das Verbot von Zeitungen und Zeitschriften betreffend,

angeschlossen, nachdem ihr — wie dies aus dem in derselben Nr. enthaltenen Ar=
tikel, Berlin den 6. Juni, klar hervorgeht — bereits wohl bekannt war, daß den
Verlegern jener Zeitungen auf Grund dieser Erklärung, wegen der darin enthal=
tenen Entstellung von Thatsachen, Erregung von Haß und Anregung zum Unge=
horsam, eine obrigkeitliche Verwarnung ertheilt worden ist.

Durch den „Bredinken" überschriebenen Aufsatz derselben Nr. Ihrer Zeitung
werden sodann, indem hier behauptet wird, als sei an jenem Orte ohne irgend ge=
nügende Veranlassung von königlichen Truppen als Werkzeugen einer scheußlichen
Metzelei gegen friedliche Leute von der Schußwaffe Gebrauch gemacht worden, und
indem jener Vorgang als der schmachvollste Tag bezeichnet ist, den die preußische
Uniform seit langen Jahren erlebt habe, nicht nur die öffentlichen Behörden und
deren Anordnungen durch Behauptung entstellter und gehässig dargestellter That=
sachen dem Hasse und der Verachtung ausgesetzt, sondern der Artikel läßt auch in
der am Schlusse enthaltenen allgemeinen Aufforderung, Genugthuung hierfür zu
verlangen, das Bestreben erkennen, zum Ungehorsam gegen die Anordnungen der
Obrigkeit anzureizen.

Wenn Sie ferner in dem unmittelbar hierauf folgenden Artikel der Nr. 68
bei der heutigen Lage des Vaterlandes als einzige Art der Verwendung der für
die Schützenfeste beizusteuernden Gaben, lediglich den Ankauf von Waffen empfeh=
len, so kann es nicht zweifelhaft sein, daß hierin die Aufforderung zu Akten offener
Gewalt zu finden ist.

Bei dieser Haltung des Blattes finde ich mich veranlaßt, Ihnen hiermit auf
Grund der §§. 1. und 3. der Verordnung vom 1. d. M., betreffend das Verbot
von Zeitungen und Zeitschriften, eine Verwarnung zu ertheilen.

Düsseldorf, den 15. Juni 1863.

Der Regierungs=Präsident.
v. Massenbach.

24.

Gumbinnen. Preußisch-Litthauische Zeitung.

Die Nr. 132 der in Ihrem Verlage erscheinenden „Preußisch-Litthauischen
Zeitung" enthält einen Artikel mit der Ueberschrift: „Aphorismen von Suarez",
welcher die Ansichten des ehemaligen preußischen Kanzlers Suarez über den Staat
und die verschiedenen Regierungsformen in kurzem Auszuge wiedergiebt, und in
dem folgende Stelle durch fetten Druck mit größeren Lettern besonders hervor=
gehoben ist:

„Der Monarch wird Despot, wenn er in der innern Staatsverwaltung
nicht nach allgemeinen und gleichförmigen Grundsätzen, sondern nach Willkür, Lau=
nen und Einfällen handelt; 2) wenn er die Gesetze, welche die Rechte des Volkes
bestimmen, nicht respektirt, sondern an die Stelle derselben seinen Willen als Richt=
schnur seiner Handlungen und Verfügungen setzt; 3) wenn er die ihm anvertraute
Macht nicht zum Wohle des Ganzen, sondern zur Beförderung seines Privat=
interesses, zur Befriedigung seines Ehrgeizes oder anderer Leidenschaften verwendet."

Der Abdruck dieses Artikel und insbesondere die Hervorhebung der erwähn=

ten Stelle zu einer Zeit, in der von der sogenannten Fortschritts-Parthei und deren Organen in der Presse, zu denen auch die Preußisch-Litthauische Zeitung gehört, vielfach der Staats-Regierung der Vorwurf gemacht ist, daß sie die Verfassung verletze, gegen die Bestimmungen derselben handle und regiere und das Wohl des Staats nicht berücksichtige, — lassen deutlich die Absicht erkennen, unter dem Scheine einer Definition des Despotismus im Allgemeinen den Träger der preußischen Krone als despotisch zu charakterisiren und dadurch die Ehrfurcht und Treue gegen des Königs Majestät zu untergraben. Ferner wird in einem „Fürstenrecht und Völkerrecht" überschriebenen Artikel in Nr. 136 derselben Zeitung ausgeführt, daß durch die Landesregierung, welche die Staatsverwaltung mit alleiniger Verantwortlichkeit durch (oktroyirte) Verordnungen und die Finanzen ohne einen gesetzlich normirten Staatshaushaltsetgt führe, das Rechtsbewußtsein der großen liberalen Mehrheit des Volkes verletzt werde. Dadurch werden die angedeuteten Anordnungen der Staats-Regierung geschmäht und dem Hasse und der Verachtung ausgesetzt.

Da außerdem die Gesammthaltung der Zeitung schon bisher eine der Staats-Regierung feindliche und daher die öffentliche Wohlfahrt gefährdende gewesen, und die Fortdauer dieser Haltung durch die vorerwähnten Artikel genügend erwiesen ist, so ertheile ich Ihnen, den Verlegern der „Preußisch-Litthauischen Zeitung" hiermit auf Grund der §§. 1. und 3. der Verordnung vom 1. Juni 1863, betreffend das Verbot von Zeitungen und Zeitschriften, eine Verwarnung.

Gumbinnen, den 16. Juni 1863.　　　　Der Regierungs-Präsident.

In Vertretung: Siehr.

25.

Memel. Bürgerzeitung.

Die Nr. 66 der in Ihrem Verlage erscheinenden „Bürgerzeitung" veröffentlicht eine an seine Majestät den König gerichtete Petition der Stadtverordneten-Versammlung in Tilsit, in welcher von der Konvention mit Rußland und von der Allerhöchsten Verordnung vom 1. d. M. gesagt wird, daß dieselben das im Volke lebendige Rechtsbewußtsein untergraben. Ein solches als Schmähung erscheinendes Urtheil über landesherrliche Anordnungen ist geeignet, die Ehrfurcht gegen des Königs Majestät zu untergraben und die Einrichtungen des Staats dem Hasse oder der Verachtung Preis zu geben. Die Nr. 67 derselben Zeitung bringt ferner aus der „Westfälischen Volkzeitung" einen Artikel, in dem an die von des Kronprinzen königlicher Hoheit kürzlich in Danzig gesprochenen Worte Schmähungen der Staats-Regierung geknüpft werden, welche die öffentliche Wohlfahrt gefährden. Bei der außerdem hinzutretenden verwerflichen Gesammthaltung Ihres Blattes, wird Ihnen daher wegen der vorbezeichneten Kundgebungen auf den Grund der §§. 1. und 3. der Verordnung vom 1. Juni d. J. hierdurch eine Verwarnung ertheilt.

Königsberg, den 16. Juni 1863.

Königliches Regierungs-Präsidium.

v. Kampz.

26.

Lissa. Wochenzeitung.

Der Inhalt des in der Nr. 24 vom 12. d. M. der in Ihrem Verlage zu Lissa erscheinenden „Wochenzeitung" enthaltenen Artikels, überschrieben: „Der Artikel 111. der Verfassung" läßt das Bestreben erkennen, die Allerhöchste Verordnung vom 1. d. M. durch Behauptung entstellter Thatsachen dem Hasse auszusetzen und zum Ungehorsam gegen diese Verordnung anzureizen. Die Behauptung nämlich, daß es sich in der Verordnung vom 1. d. M. um die Errichtung von „Ausnahmegerichten" oder um die Ernennung einer Verwaltungsbehörde als außerordentliche Kommission handle, ist falsch, da den Verwaltungsbehörden durch diese Verordnung keineswegs eine richterliche Befugniß, insbesondere nicht die dem Strafrichter vorbehaltene Befugniß übertragen worden ist, wegen durch die Presse verübter strafbaren Handlungen Strafen zu verhängen, sondern lediglich die administrative Befugniß, das fernere Erscheinen einer Zeitung oder Zeitschrift, deren Haltung die öffentliche Wohlfahrt fortdauernd gefährdet, zu verbieten. Die Folgerung des Artikels, daß der Artikel 7. der Verfassung, welcher nach Artikel 111. der Verfassung nur im Falle eines Krieges oder Aufruhrs, der nicht vorliege, nach Maßgabe des Gesetzes vom 4. Juni 1851 suspendirt werden könne, faktisch suspendirt sei, ohne daß die Suspension desselben vom Staatsministerium gleichzeitig ausdrücklich ausgesprochen worden, entstellt daher die Thatsachen. Die Absicht, durch diese Entstellung die Verordnung vom 1. d. M. dem Hasse auszusetzen, ergiebt sich daraus, daß dem Verfasser die Motive der Verordnung, nämlich der Bericht des Staatsministerii vom 1. d. M., welcher schon durch die Bezugnahme auf die Vorschriften des Gesetzes vom 22. Juni 1861 bezüglich des Verfahrens bei Erlaß des Verbots einer Zeitung klar darthut, daß es sich hierbei nicht um ein strafgerichtliches Verfahren handelt, wohlbekannt gewesen sind, da er derselben ausdrücklich erwähnt. Die in den Schlußsätzen des Artikels enthaltene Hinweisung der Beamten darauf, daß sie sich persönlich verantwortlich machen würden, wenn sie die in Gemäßheit der Verordnung vom 1. d. M. von den Verwaltungsbehörden getroffenen Entscheidungen exekutirten, läßt endlich das Bestreben erkennen, zum Ungehorsam gegen diese Verordnung anzureizen.

In noch höherem Grade läßt der in derselben Nummer unter der Rubrik „Lokales und Provinzielles" enthaltene Artikel, beginnend mit den Worten: „Bei den gegenwärtig stattfindenden Landwehrübungen", indem er von im Interesse der Armee=Reorganisation angeblich auf Kosten und zum Schaden der Landwehr gemachten Ersparungen redet, und die falsche Behauptung aufstellt, die Landwehr habe nur alten Plunder für sich vorgefunden und es fehle an Allem, das Bestreben erkennen, Einrichtungen des Staats und Anordnungen der Behörden durch Behauptung entstellter und gehässig dargestellter Thatsachen und durch Schmähungen dem Hasse und der Verachtung auszusetzen.

Diese in den gedachten beiden Artikeln zu Tage tretende Haltung in Verbindung mit der schon bisher von der Wochen=Zeitung beobachteten Gesammthaltung gefährdet die öffentliche Wohlfahrt.

Auf Grund des §. 3. der Verordnung vom 1. Juni d. J. wird Ihnen deshalb hiermit eine Verwarnung ertheilt.

Posen, den 16. Juni 1863.

Königliches Regierungs-Präsidium.

Toop.

27.

Görlitz. Niederschlesische Zeitung.

Die in Ihrem Verlage erscheinende „Niederschlesische Zeitung" hat ihre seit langer Zeit ununterbrochen beobachtete, die öffentliche Wohlfahrt gefährdende Haltung auch seit dem Erlaß der Verordnung vom 1. Juni d. J., betreffend das Verbot von Zeitungen und Zeitschriften, nicht aufgegeben. Davon zeugen unter Anderm der Leitartikel in der Nr. 128 vom 5. d. M.: „die Verordnung vom 1. Juni 1863" überschrieben, in welchem diese Verordnung als mit den Bestimmungen der Verfassung in Widerspruch stehend dargestellt wird; ferner der Korrespondenz-Artikel in Nr. 132 d. d. Lüben, den 6. d. M., welcher eine gewöhnliche zwischen zwei Kindern vorgefallene Prügelei in tendenziöser Weise als durch politischen Parteizwist hervorgerufen ausbeutet; der Artikel in Nr. 135 unter der Rubrik: „Lokales", in welchem die in der Versammlung der Wahlmänner und Urwähler des Wahlkreises Görlitz am 11. d. M. gehaltenen Reden und gefaßten Beschlüsse, welche die Uebereinstimmung mit dem Verhalten des Abgeordnetenhauses und der von dem letztern abgefaßten, von Seiner Majestät dem Könige aber entschieden zurückgewiesenen und als ein „unberechtigter Versuch des Hauses, den Kreis seiner verfassungsmäßigen Befugnisse zu erweitern", bezeichneten Adresse aussprechen, mitgetheilt werden; der Artikel in Nr. 136 unter „Lokales" und mit den Worten: „die hiesige Stadtverordneten-Versammlung hat ihre Absicht 2c." beginnend, worin im Gegensatz des Herrn Ministers des Innern vom 6. d. M. das Recht der Stadtverordneten-Versammlungen zum Erlaß einer Adresse an Seine Majestät den König behufs Beschwerdeführung über die politischen Maßnahmen der königlichen Staatsregierung näher ausgeführt wird; endlich der Artikel in Nr. 137 d. d. Berlin, den 14. Juni, welcher von dem Aufenthalt Ihrer Königlichen Hoheiten des Kronprinzen und der Frau Kronprinzessin in Magdeburg spricht und angebliche Aeußerungen Hochderselben über die politische Lage anführt.

Der Inhalt aller dieser Artikel läßt das Bestreben erkennen, nicht allein die Ehrfurcht gegen Seine Majestät durch die Einnahme einer oppositionellen Stellung dem Könige gegenüber, und durch Besprechung der persönlichen Verhältnisse innerhalb des Allerhöchsten Könighauses zu verletzen, sondern auch die Einrichtungen des Staats und die Anordnungen der öffentlichen Behörden, namentlich die Verordnung vom 1. Juni d. J., betreffend das Verbot von Zeitungen und Zeitschriften, und das Rescript des Herrn Ministers des Innern vom 6. Juni d. J. an die Kommunal-Aufsichtsbehörden, durch Behauptung theils entstellter, theils gehässig dargestellter Thatsachen dem Hasse auszusetzen, und den öffentlichen Frieden durch Aufreizung der Angehörigen des Staats gegen einander zu gefährden.

Auf Grund der §§. 1. und 3. der Verordnung vom 1. Juni d. J., betreffend das Verbot von Zeitungen und Zeitschriften, ertheile ich Ihnen daher hierdurch eine Verwarnung.

Liegnitz, den 16. Juni 1863.

Der Regierungs-Präsident.
Graf Zedlitz-Trützschler.

28.

Insterburg. Insterburger Zeitung.

Die in Ihrem Verlage erscheinende „Insterburger Zeitung" hat schon seit längerer Zeit eine die öffentliche Wohlfahrt gefährdende Haltung beobachtet, indem sie das Bestreben hat erkennen lassen, die öffentlichen Behörden, insbesondere das Staatsministerium, und deren Anordnungen durch Schmähungen, insbesondere durch Vorwürfe der Verfassungswidrigkeit und Rechtsverletzung, dem Hasse und der Verachtung auszusetzen. Wenn auch neuerdings die bezüglichen Stellen sich nur in Berichten über Versammlungen und die in solchen gehaltenen Reden und abgegebenen Erklärungen finden, wie z. B. in Nr. 66 in den Berichten über die Sitzung der Berliner Stadtverordneten und die im Insterburger Schützenhause gehaltene Versammlung, so wird dadurch die Fortdauer der der Staatsregierung feindseligen Haltung der Zeitung nicht weniger dokumentirt, als wenn die Angriffe direkt in räsonnirenden Artikeln gemacht wären. Deshalb ertheile ich Ihnen auf Grund der §§. 1. und 3. der Verordnung vom 1. Juni d. J., betreffend das Verbot von Zeitungen und Zeitschriften, hiermit eine Verwarnung.

Gumbinnen, den 17. Juni 1863.

Der Regierungs-Präsident.
In Vertretung: Siehr.

29.

Pyritz. Bote aus dem Weizacker.

Der erste Artikel mit der Ueberschrift: „Die Preßverordnung vom 1. Juni" in der vom 9. d. M. erscheinenden Nr. 67 des von Ihnen herausgegebenen „Boten aus dem Weizacker" läßt deutlich das Bestreben erkennen, den Schluß des Abgeordnetenhauses und den Erlaß der Verordnung vom 1. Juni d. J., betreffend das Verbot von Zeitungen und Zeitschriften, als verfassungswidrige Maßnahmen der Staats-Regierung zu charakterisiren und sie hierdurch dem Hasse auszusetzen, und giebt zu der schon früher an den Tag gelegten, die öffentliche Wohlfahrt gefährdenden Haltung Ihres Blattes einen neuen Beleg ab. Auf Grund der §§. 1. und 3. der gedachten Verordnung vom 1. Juni d. J. ertheile ich Ihnen daher hiermit eine Verwarnung.

Stettin, den 18. Juni 1863.

Der Regierungs-Vice-Präsident.
v. Werthern.

30.

Salzwedel. Altmärkische Zeitung.

Die in Ihrem Verlage erscheinende „Altmärkische Zeitung" hat auch nach Publikation der Verordnung vom 1. b. M., betreffend das Verbot von Zeitungen und Zeitschriften, fortgefahren, eine die öffentliche Wohlfahrt gefährdende Haltung zu beobachten. Es wird dies durch einen großen Theil der in den Nr. 46 bis 49 des genannten Blattes enthaltenen Artikel dokumentirt, indem in denselben das unzweideutige Bestreben hervortritt, die Einrichtungen des Staates, sowie die Anordnungen der Behörden durch Behauptung entstellter oder gehässig dargestellter Thatsachen, sowie durch Schmähungen und Verhöhnungen dem Hasse oder der Verachtung auszusetzen. So ist z. B. im Eingange der Nr. 46 die Behauptung aufgestellt, daß die auf Grund des Artikels 63 der Verfassungsurkunde erlassene Verordnung vom 1. b. M. die verfassungsmäßig gewährleistete Preßfreiheit illusorisch mache. Es ist ferner in Nr. 47 unter der Ueberschrift „die Preßordonnanzen vom 1. Juni" ein Artikel enthalten, in welchem nicht nur die für die Zulässigkeit und Nothwendigkeit der erwähnten Verordnung von dem Königl. Staatsministerium entwickelten Motive in einer gehässigen Weise bemängelt, sondern an deſſen Schluſſe auch durch willkürliche Unterstellungen Zweifel über die pflichtmäßige Ausführung der Verordnung erhoben werden. Es ist weiter in Nr. 48 des Blattes unter der Ueberschrift: „der Artikel 111. der Verfassung" unter geflissentlicher Uebergehung der maßgebenden Bestimmungen der Verfassungsurkunde die Verfassungsmäßigkeit der mehrerwähnten Verordnung in Zweifel gezogen und dazu noch schließlich die indirekte Aufforderung an die Beamten gerichtet worden, der Exekutirung der Verordnung zu widerstreben. Es ist endlich am Schluſſe des Artikels: „Die französischen Wahlen" in Nr. 49 der Zeitung, die französische Preßgesetzgebung einer schmähenden Beurtheilung unterworfen worden, von welcher im Hinblick auf den unmittelbar vorangegangenen Satz angenommen werden muß, daß sie eigentlich gegen die Königl. Verordnung vom 1. b. M. gerichtet ist. Auf Grund der §§. 1. und 3. der gedachten Verordnung ertheile ich Ihnen daher hiermit eine Verwarnung.

Magdeburg, den 19. Juni 1863.

Der Regierungs-Präsident.
In Vertretung: Der Ober-Präsident.
(gez.) v. Witzleben.

31.

Breslau. Breslauer Zeitung.

Die in Ew. Wohlgeboren Verlage erscheinende „Breslauer Zeitung" hat auch nach Emanation der „Verordnung, betreffend das Verbot von Zeitungen und Zeitschriften" vom 1. b. M., mehrfache Beweise einer Haltung gegeben, welche die öffentliche Wohlfahrt gefährdet.

Beispielsweise ist in dem Eingange des „Die Ordonnanzen" überschriebenen Leitartikels der Nr. 253 vom 4. b. M. eine Verhöhnung der bezeichneten königlichen

Verordnung und des motivirenden Berichts des königlichen Staatsministeriums vom 1. d. M. zu erkennen;

in dem Leitartikel zu Nr. 255 vom 5. Juni („An unsere Leser“) wird „das Volk“ aufgefordert, „sich seine Presse zu erhalten,“ was hier so viel bedeutet, als: gegen das Gesetz für die Maßlosigkeiten der Presse einzutreten;

in Nr. 271 endlich (vom 14. d. M.) berichtet ein Korrespondent aus Görlitz, der Abgeordnete Dr. Paur habe gewußt, alle gegen das Abgeordnetenhaus gerichteten Anschuldigungen „in das Nichts der Verleumdung zu zerlegen“, eine Darstellung, — welche gegenüber der königlichen Botschaft vom 26. v. M. eine erhebliche Verletzung der Sr. Maj. dem Könige schuldigen Ehrfurcht enthält.

Auf Grund der §§. 1. und 3. der oben bezeichneten Verordnung vom 1. d. M. ertheilen wir daher Ew. Wohlgeboren als Verleger der „Breslauer Zeitung“ hierdurch eine Verwarnung.

Breslau, den 20. Juni 1863. Königliches Regierungs-Präsidium.
Schleinitz.

32.

Gumbinnen. Bürger- und Bauernfreund.

Der hauptsächliche Inhalt des Blatts „Bürger- und Bauernfreund“, welches unter Ew. Wohlgeboren Verlage hier ausgegeben wird, war bisher darauf gerichtet, fast auf allen Gebieten des öffentlichen Lebens das Bestehende zu untergraben und Unzufriedenheit zu erregen, die Maßnahmen der Staatsbehörden hinsichts ihrer Zwecke und Begründung gehässig darzustellen und vornämlich die Anordnungen des Staatsministeriums als verfassungswidrig und unheilvoll zu schmähen. Dazu geschah dies vielfach in einer auf die große Menge berechneten, verführerischen Form. — Hat sich nun auch in letzter Hinsicht das Blatt neuerdings weniger tendenziös gezeigt, so ist doch der Inhalt und die Gesammthaltung desselben unverändert für die öffentliche Wohlfahrt gefährlich geblieben. Dies wird insbesondere auch durch die Nr. 25 (vom 19. d. M.) bekundet, in welcher die bei den Stadtbehörden zu Gumbinnen und Tilsit über eine die allgemeinen Staats-Interessen angehende Petition stattgehabten ungesetzlichen Berathungen und Beschlüsse, sowie jene selbst mitgetheilt werden und ein Abdruck über die angeblich in einer Urwählerversammlung der Kreise Königsberg und Fischhausen gefaßten Resolutionen gegeben wird, durch welche die mit Gesetzeskraft ergangene Verordnung vom 1. Juni d. J. als mehreren Paragraphen der Verfassungs-Urkunde widersprechend bezeichnet wird. Da durch solche die Staatsregierung und deren Anordnungen dem Hasse und der Verachtung aussetzenden Mittheilungen, gleichviel ob diese aus anderen Blättern entnommen sind oder in Original- und Korrespondenz-Artikeln gemacht werden, die Gesammthaltung des „Bürger- und Bauernfreundes“ als eine die öffentliche Wohlfahrt gefährdende sich charakterisirt, so ertheile ich Ihnen auf den Grund der §§. 1. und 3. der Verordnung vom 1. Juni d. J. hiermit eine Verwarnung.

Gumbinnen, den 20. Juni 1863. Der Regierungs-Präsident.
In Vertretung: Siehr.

33.

Königsberg i. Pr. Montags=Zeitung.

Der in Nr. 25 der von Ihnen verlegten Königsberger „Montags=Zeitung"
unter der Ueberschrift: „Aus Paris" enthaltene Leitartikel verfolgt die Tendenz,
die Einrichtungen des Staates und die Anordnungen der öffentlichen Behörden
durch gehässige Darstellung und durch Verhöhnung dem Hasse und der Verachtung
auszusetzen. Wegen der sowohl in diesem Artikel, wie in der Gesammthaltung des
bezeichneten Blattes erkennbaren, die öffentliche Wohlfahrt gefährdenden Haltung wird
Ihnen auf den Grund der §§. 1. und 3. der Verordnung vom 1. Juni d. J.
hierdurch eine Verwarnung ertheilt.

Königsberg, 23. Juni 1863.

Königliches Regierungs=Präsidium.

v. Kamptz.

34.

Culm. Przyjaciel Ludu.

In der Nr. 24 des in Ihrem Verlage erscheinenden polnischen Blattes
»Przyjaciel Ludu« wird Seite 100 ein Artikel als angebliches Schreiben eines
Waldwarts Jacob Skorabki abgedruckt, in welchem folgende Stellen vorkommen:

„Indem ich die Sense klopfe, — weil sie sehr schartig geworden und auch ver=
bogen war, — da es was zu schneiden geben wird;"

„Polnischer Glauben, Herzens=Bruder u. s. w.;"

„Ich verstehe zu schießen, mit der Sense zu schneiden;"

„Das erste Räthsel errieth ich gleich. Es muß jeder Bauer errathen, denn
Jedem muß die Sense im Sinne sein. Ich denke mir so:

Lassen die Bauern nur den Bastschuhen (armen Schluckern) gestatten
zu den Sensen zu gehen, so werden die Bauern mit der Zeit nichts zu
bedeuten und nichts zu essen haben, denn die Bastschuhe werden sagen:
Meine Lieben, geht nur, wir haben uns so müde gearbeitet, daß Manchem
der rothe Schweiß herunterfloß, und wollen jetzt von unserer Arbeit die
Früchte genießen.

Weshalb sollen wir den Bastschuhen den Vorzug geben, sind wir etwa
schlechter als sie?

Deshalb hört, Brüder, Bauern! Versteht gut Eure Sensen, macht
sie gut fest und wenn die Erndte kommt, dann mit Gott an die Arbeit.
Die Erndte war nie so groß, daß die Bauern sich nicht Rath wußten.
Ich sage Euch, je mehr Schnitter, desto eher wird die Erndte beendigt.
Und nach der Erndte, wenn der Gutsherr den ersten Tanz mit der Vor=
binderin und die Gutsherrin mit dem Vorschnitter macht, dann werden
wir singen:

Gott rief uns zur Sense,

Gab uns schöne Erndte;

Da fielen sehr tüchtige Aehren,

Da ging Jeder rasch!

Und die Herren Gutsherren

Helfen uns ebenfalls;

Sie sind unsere aufrichtigen Väter.

Ist dies nicht wahr, Schwager?

Das ist wahr, das bestreitet Niemand.

Der Herr ist uns Vater, Bruder,

Unseren Kindern sind die Herren-Kinder Brüder;

Das ist ganz gewiß.

Bruder ist uns auch der tüchtige Bürger, der zur Sense griff.

Lieben würde ihn unser Glowacki, der baarfuß die Feinde mähte.

Ja, so werden wir nach der Erndte jubeln. Nun Meister, habe ich gerathen, daß es die Sense ist?

Das zweite Räthsel ist nichts anderes als die Glocke. Es heißt darin:

„... wenn man mich reizt,

Zittert mit mir die ganze Umgebung.

Mein Bruder sagt auch: als die Unsrigen in Kolo die Sturmglocke zu läuten anfingen, da zitterten alle Moskowiter, wie Espenlaub.

Die Glocke wird aufgehängt, wenn sie getauft ist; ebenso der Spion, wenn er auf der That ertappt oder ihm das Spioniren bewiesen ist."

„Habe ich gut gerathen oder nicht? Ist es gut, so werde ich, wenn ich mit den Schnittern zurückkehre, noch ein Schreiben an den Meister richten. Bis dahin grüßen Sie herzlich von mir alle polnischen Glaubenshelden, alle Schnitter."

Aus dem ganzen Artikel und aus den hervorgehobenen Stellen desselben insbesondere geht das Bestreben hervor, die Leser des Blattes, insbesondere die Bauern, also einen Theil der Preußischen Unterthanen, für die gegenwärtig in Russisch Polen kämpfende Insurrektion zu entflammen und sie zu thätiger Theilnahme an derselben aufzufordern.

Der Artikel verstößt daher in seiner revolutionairen Tendenz gegen die Allerhöchste Verordnung vom 1. Juni d. J. und ich sehe mich veranlaßt, Ihnen hiermit auf Grund des §. 3. dieser Allerhöchsten Verordnung die erste Verwarnung zu ertheilen.

Marienwerder, den 23. Juni 1863.

Der Regierungs-Präsident.

Für denselben: Schaffrinski.

35.

St. Johann. St. Johanner Zeitung.

Der in Nr. 144 der „St. Johanner Zeitung" aufgenommene, mit B. L. C. Berlin, 21. Juni bezeichnete Artikel verstößt in mehr als einer Hinsicht gegen die, durch Allerhöchste Verordnung vom 1. Juni den Zeitschriften gezogene Grenze.

Abgesehen davon, daß schon in der für die gedachte Verordnung gewählten Bezeich-
nung „Ordonnanz" — „Erstling" — eine gehässige resp. geringschätzende Deutung
kaum zu verkennen ist, liegt in der Auffassung, daß die gedachte Verordnung die
erste Errungenschaft (Erstling) der durch die „Kreuzzeitung" angeblich vertretenen
„Verfassungsfresserei" (!) sei, ein Vorwurf der Verfassungswidrigkeit gegen die
Verordnung selbst nur allzunahe, und giebt letztere dadurch dem Hasse und der
Verachtung preis. Zu tadeln ist nicht minder, daß derselbe Artikel sich befleißigt,
Se. Majestät den König gewissermaßen im Gegensatz mit denjenigen Maßnahmen
zu stellen, welche die Staatsregierung neuerdings gegen bekannte Petitions-,
Adressen- und Deputations-Bewegungen anstrengt. In wie weit der Artikel hiermit
den Vorwurf der Entstellung von Thatsachen auf sich ladet, mag dahin gestellt
bleiben; gewiß ist dagegen, daß jene Auffassung nicht frei ist von der Tendenz, zum
Ungehorsam gegen Maßnahmen der Obrigkeit anzureizen. Zu tadeln ist ferner,
daß derselbe Artikel die „Bismarcksche Politik" mit offenbarer Verhöhnung in einer
Form bespricht, welche geeignet ist, die auswärtige Politik der Staatsregierung dem
Mißtrauen preiszugeben.

Aus voranstehenden Gründen und mit Hinblick auf die Gesammthaltung der
„St. Johanner Zeitung", welche vom Standpunkte der Verordnung vom 1. Juni
aus beurtheilt, nichts weniger als tadelfrei genannt werden kann, ertheilt der unterzeichnete Regierungs-Präsident dem verantwortlichen Verleger der gedachten
Zeitung eine Verwarnung, und zwar mit Anwendung der §§. 1. und 3. der mehrerwähnten Verordnung vom 1. Juni 1863.

Trier, den 26. Juni 1863.   Der Regierungs-Präsident.
                                              Sebaldt.

36.
Kottbus. Anzeiger.

In der am 6. d. M. ausgegebenen Nummer 46 des in Ihrem Verlage erscheinenden „Anzeigers für Kottbus und Umgegend" wird unter „Vermischtes" eine
Begebenheit aus Königsberg als Beispiel geistiger Verkommenheit und Unbildung,
dergleichen in unserm Staate der Intelligenz sich noch häufig fänden, mitgetheilt,
und als Grund solcher Erscheinungen der höchst mangelhafte Zustand der Volksschule hervorgehoben. Aeußerlich werde zwar mit einer gewissen Prahlerei viel
für dieselbe gethan, mit dem innern Wesen aber, dem Geiste, sehe es sehr
schlecht aus, da die Regulative den Vorrath des Wissenswerthen auf ein Min-
destes beschränkten, und statt dessen die jungen Köpfe mit unverständlichen
Glaubensformeln und abgeschmackten Gesangbuchsliedern anfüllten. Wenn man im Religions-Unterricht geflissentlich den Wunderglauben nähre, statt
ihn als mythisches Beiwerk längst verschollener Jahrhunderte und längst
verlassener Bildungsstufen bei Seite liegen zu lassen, so dürfe man sich auch nicht
wundern, wenn er seine Früchte trage und in solchen Zaubergeschichten praktisch
ins Leben trete.

Dieser Inhalt des Artikels charakterisirt denselben
1) als eine Schmähung der Staatsregierung, welche mit ihrer Fürsorge für

das Aeußere der Volksschule prahle, dagegen absichtlich ihre inneren Zwecke behindere,

2) als eine Verspottung der Lehren der christlichen Kirche.

Auf Grund der §§. 1. und 3. der Verordnung vom 1. Juni d. J. ertheile ich Ihnen hiermit eine erste Verwarnung.

Frankfurt a. O., den 27. Juni 1863.

Der Regierungs-Präsident.
v. Münchhausen.

37.

Goldberg. Schlesische Fama.

Mehrere Artikel in den Nummern 46, 48 und 50 der in Ihrem Verlage erscheinenden Zeitschrift „Schlesische Fama" lassen deutlich erkennen, daß die Zeitschrift ihre bereits früher beobachtete, die öffentliche Wohlfahrt gefährdende Haltung auch nach dem Erlaß der Verordnung vom 1. d. M., betreffend das Verbot von Zeitungen und Zeitschriften, nicht aufgegeben hat.

Der Korrespondenz-Artikel d. d. Berlin, den 7. Juni, in Nr. 46 nämlich, welcher die Ausführung der eben erwähnten Verordnung bespricht, und dabei anführt, daß die Minister wegen der unerwartet starken, durch jene Verordnung angeblich hervorgerufenen Bewegung ihren ursprünglichen Plan, sofort weitere Maßregeln gegen die Vereine und die Disziplinirung der des Liberalismus verdächtigen Beamten folgen zu lassen, vorläufig aufgegeben hätten, und daß dieselbe Sprache, wie sie in allen ministeriellen Erlassen der letzten Zeit gefunden werde, auch in den Motiven der Verordnung über die Presse und der Instruktion für die Bezirks-Regierungen enthalten sei, ist nicht minder, wie der Artikel d. d. Berlin, den 21. Juni, in Nr. 50, welcher behauptet, daß einigen richterlichen Beamten, welche zugleich Abgeordnete sind, ihr Ferien-Urlaub abgeschlagen sei, und daraus eine Maßregelung liberaler Beamten folgert, in hohem Grade geeignet, die öffentlichen Behörden und deren Anordnungen durch Behauptung entstellter oder gehässig dargestellter Thatsachen dem Hasse und der Verachtung auszusetzen. Der Korrespondenz-Artikel d. d. Berlin, den 14. Juni, in Nr. 48 aber, welcher sich über die Erklärung Seiner Königlichen Hoheit des Kronprinzen in Danzig und über die angebliche Einwirkung derselben auf das Ministerium verbreitet, läßt offenbar das Bestreben erkennen, die Ehrfurcht gegen Se. Majestät den König zu untergraben, und ist überdies dadurch, daß darin zur Bezeichnung der Verordnung vom 1. Juni c. der Ausdruck „Ordonnanz" gebraucht wird, geeignet, die Einrichtungen des Staats dem Hasse und der Verachtung auszusetzen.

Wegen dieser Gesammthaltung der Zeitschrift „Schlesische Fama" ertheile ich Ihnen auf Grund der §§. 1. und 3. der Verordnung, betreffend das Verbot von Zeitungen und Zeitschriften, vom 1. Juni d. J., hierdurch eine Verwarnung.

Liegnitz, den 27. Juni 1863.

Der Regierungs-Präsident.
Graf Zedlitz-Trützschler.

38.

Stettin. Pommersche Zeitung.
(Zweite Verwarnung.)

Die Morgen-Ausgabe der in Ihrem Verlage erscheinenden Zeitung vom 25. d. M. bringt unter der Ueberschrift: „Bekenntnisse eines Zeitungsschreibers" einen Artikel, welcher in die anscheinend unverfängliche Form der Ansprache eines Zeitungsschreibers an seinen Leser gekleidet, aus dieser Verschleierung, die auf Schmähung und Verhöhnung der Einrichtungen des Staates, der öffentlichen Behörden und deren Anordnungen, ja selbst auf Untergrabung der Ehrfurcht und der Treue gegen den König gerichtete wahre Absicht des Verfassers unschwer erkennen läßt. So wird Niemandem, welcher den erbitterten Partei-Angriffen gegen die angeblich verfassungswidrige Verordnung vom 1. d. M., betreffend das Verbot von Zeitungen und Zeitschriften und gegen die Person des obersten Raths der Krone gefolgt ist, die Beziehung zu beiden entgehen, in welcher die Apostrophe des Zeitungsschreibers an seinen Leser: „Für dich ist eine gesetzwidrige Verordnung, ein alle Sittlichkeit und Vaterlandsliebe verhöhnender Staatsmann auch ein Aergerniß," nach der Absicht des Verfassers offenbar verstanden werden soll. Noch deutlicher trägt die darauf folgende Stelle den hervorgehobenen verhöhnenden Charakter zur Schau, in welcher dem Leser der Zeitung das Verlangen imputirt wird, „daß der Zeitungsschreiber sich ihm täglich als Thierbändiger produzire, wenn die Fütterung losgeht, mit dem Löwen der Gewalt, mit der Hyäne der Kriminalistik und mit dem Wolfe der Vollzugsbehörden spiele und sie zu des Lesers Ergötzen bändige" u. s. w. Die Tirade am Schlusse: „Und mögen auch die Zeitgewalten noch so kühn und gesetzlos das Licht der Freiheit verlöschen wollen, sie sind trotz aller äußeren Gewalt doch ohnmächtig und das Licht der Freiheit bricht neu wieder durch, wie das Sonnenlicht am Himmel" läßt endlich im Zusammenhang mit der in der Botschaft Sr. Majestät an das Abgeordnetenhaus vom 26. v. M. ausgesprochenen Allerhöchsten Billigung der Maßnahmen der Staatsregierung, selbst das Bestreben nach Untergrabung der Ehrfurcht und der Treue gegen den König klar durchleuchten. Derartige Kundgebungen beweisen die Fortdauer der die öffentliche Wohlfahrt gefährdenden Haltung Ihres Blattes und ertheile ich Ihnen daher auf Grund der §§. 1. und 3. der Verordnung vom 1. d. M. hiermit eine zweite Verwarnung.

Stettin, den 28. Juni 1863.

Der Regierungs-Vice-Präsident.
v. Werthern.

39.

Königsberg i. Pr. Kirchenblatt für die evangelische Gemeinde.

Die in Nr. 26 des „Kirchenblattes für die evangelische Gemeinde" enthaltene Correspondenz: Aus Littauen, ist geeignet, die öffentliche Wohlfahrt zu gefährden, indem dieselbe die Einrichtungen des Staats, die öffentlichen

Behörden und deren Anordnungen durch Behauptung entstellter und gehässig dargestellter Thatsachen dem Hasse und der Verachtung preisgiebt. Es wird Ihnen deshalb als Herausgeber der bezeichneten Zeitung hierdurch auf den Grund der §§. 1. und 3. der Verordnung, betreffend das Verbot von Zeitungen und Zeitschriften vom 1. v. M. eine Verwarnung ertheilt.

Königsberg, den 28. Juni 1863.

Königliches Regierungs-Präsidium.

Hierauf hat der Verleger dem Königlichen Regierungs-Präsidium zu Königsberg folgende Anzeige gemacht:

Dem Königlichen Regierungs-Präsidium zeige ich ergebenst an, daß ich „Verleger und Drucker“, nicht aber „Herausgeber“ des Kirchenblattes für die evangelische Gemeinde bin und gegen die mir unterm 28. v. M. ertheilte und gestern zugegangene „Verwarnung“ sofort eine Beschwerde an das vorgesetzte Königliche Ministerium des Innern gerichtet habe.

Königsberg, den 3. Juli 1863.

An das Königliche Regierungs-Präsidium hier.

Am 8. Juli ging folgendes Schreiben ein:

In dem Ihnen zugegangenen Schreiben vom 28. Juni c., worin eine „Verwarnung“ wegen der Nummer 26 des „Kirchenblatts für die evangelische Gemeinde“ ausgesprochen ist, hat sich ein Schreibefehler insofern eingeschlichen, als Sie darin nur als „Herausgeber“ des qu. Blattes bezeichnet sind, während die Verwarnung Ihnen als „Verleger“ desselben, der Verordnung vom 1. Juni c. gemäß, ertheilt werden sollte. Jene Verwarnung wird Ihnen demnach hiermit als Verleger des qu. Blattes ausdrücklich ertheilt.

Königsberg, den 6. Juli 1863.

Königliches Regierungs-Präsidium.

40.

Breslau. Schlesische Zeitung.

Der in Nr. 296 der „Schlesischen Zeitung“ enthaltene Bericht über das am 27. v. M. zu Ehren des Stadtverordneten-Vorstehers, Justizrath Simon, von einigen Bürgern hiesiger Stadt veranstaltete Fest giebt der Stimmung, welche die Festgenossen beseelte, warmen Ausdruck, erwähnt, daß die Strophen des Festliedes „Wenn auch Dir zum Lohne heut kein Lorbeer grünt, eine Bürgerkrone hast Du doch verdient“, mit lautem Beifall begrüßt wurden, und hebt aus dem auf Herrn Simon ausgebrachten Toaste hervor, daß, „wenn je ein Beispiel bürgerlicher Tugend zur Nacheiferung aufgefordert, es das Simon's sei.“

Da der Bericht keine Thatsachen erwähnt, durch welche eine Bürgerkrone verdient worden, so müssen dem lesenden Publikum, namentlich dem mit der gefeierten Persönlichkeit weniger bekannten Publikum außerhalb Breslau's, einige in den letzten Wochen vorgefallene Begebenheiten unwillkürlich in Erinnerung kommen, welche allgemein bekannt geworden sind. Wir meinen folgende Thatsachen, deren

Richtigkeit Euer Hochwohlgeboren auch in Ihrer Eigenschaft als Stadtverordneter zu bestätigen in der Lage sein werden.

Am 11. v. M. wurde in der Stadtverordneten-Versammlung ein Dringlichkeits-Antrag auf Absendung einer Deputation an Se. Majestät den König eingebracht, welche um Einberufung des allgemeinen Landtages bitten sollte. Die vollständigsten Vorbereitungen zur Erledigung dieses Antrages waren so geheim gehalten worden, daß der Magistrat und die Königl. Regierung erst an demselben Tage, am 11. v. M., zufällig von diesem Vorhaben Kenntniß erhielten. Dennoch empfing der Stadtverordneten-Vorsteher noch vor der Sitzung eine Verfügung der Königlichen Regierung, worin er, unter Hinweisung auf die maßgebenden gesetzlichen Bestimmungen angewiesen wurde, eine Berathung des fraglichen, die Kompetenz der Stadtverordneten überschreitenden Antrages nicht zuzulassen. Der Stadtverordneten-Vorsteher, von einer andern Ansicht über die Kompetenz der Stadtverordneten ausgehend, wählte statt der gesetzlichen Remedur im Beschwerdewege den Weg der direkten Zuwiderhandlung gegen das erhaltene Gebot. Er ließ nicht nur, trotz des Widerspruchs des Magistrats-Dirigenten, den erwähnten Antrag sofort berathen, sondern schritt auch ohne Zögern zur Ausführung des darüber gefaßten Beschlusses, und begab sich mit drei andern, zur Ueberreichung der betreffenden Petition an Se. Majestät gewählten Deputirten, wenige Stunden nach dem Schlusse der Sitzung auf den Weg nach Potsdam. Bald nachdem die Deputation unverrichteter Sache heimgekehrt, und der Bericht über ihre Thätigkeit, einem abermaligen Verbote zuwider, in der Stadtverordneten-Versammlung vo Herrn Simon erstattet war, erschien in den meisten hiesigen Zeitungen eine, von einigen Bürgern der Stadt unterzeichnete Einladung zur Betheiligung an einem Festmahle zu Ehren des Stadtverordneten-Vorstehers. Es machte auf Jedermann den Eindruck, und wurde auch von keiner Seite in Abrede gestellt, daß die dargestellten Vorgänge die Veranlassung zu dieser Ovation darboten.

Wir haben es gut geheißen, daß das Königliche Polizei-Präsidium dem Austausche der Ansichten im Kreise der Festgenossen keine Schranken zog. Wenn aber jetzt der Versuch gemacht worden, die dort kundgegebenen Gesinnungen durch die Presse in der ganzen Provinz und darüber hinaus zu verbreiten, so ändert sich für uns der Stand der Beurtheilung. So wenig wir Veranlassung haben, über die gesammte Berufsthätigkeit des gegenwärtigen Stadtverordneten-Vorstehers, Herrn Justizrath Simon irgend ein Urtheil auszusprechen, so darf doch gerade in diesem Augenblick nicht unbeachtet bleiben, daß der Kern desjenigen Verfahrens, welches die gedachte Ovation hervorgerufen hat, eine offene und fortgesetzte Auflehnung gegen die Verbote der gesetzlichen Kommunal-Aufsichts-Behörde enthält. Zugegeben, daß Herr p. Simon von der Ueberzeugung durchdrungen sein mochte, das verfassungsmäßige Petitionsrecht der Stadtverordneten sei ein unumschränktes, so stand seiner Ansicht doch mindestens als gleichberechtigt die ausgesprochene Ueberzeugung der Aufsichts-Behörde gegenüber, wonach das verfassungsmäßige Petitionsrecht von Behörden sich nur auf Gegenstände ihres Ressorts bezieht, die Einberufung des allgemeinen Landtags aber zu den Kommunal-Angelegenheiten nicht gehört. Selbst wenn man die Zulässigkeit einer bezüglichen rechtlichen Kontroverse nachgiebt, so sollte doch füglich das Eine von allen Seiten als unstreitig angesehen werden, und ist auch, so viel bekannt, überall außer in Breslau anerkannt worden, daß bei einer Meinungsverschiedenheit zwischen der Aufsichts-Behörde und einer Stadt- verordneten-Versammlung die Letztere nicht befugt ist, ihre Ansicht rücksichtslos selbst zur Geltung zu bringen.

Die von dem Stadtverordneten-Vorsteher, Justizrath Simon, am 11. v. M. bethätigte Auflehnung gegen die Aufsichts-Behörde billigen, heißt nichts Anderes, als die gesetzlichen Befugnisse der Aufsichts-Behörde überhaupt in Abrede stellen. Denn so oft die Stadtverordneten mit der Ansicht der Aufsichts-Behörde überein- stimmen, ist eine Wirksamkeit der Letzteren entbehrlich, während in Fällen, wo die Auffassungen divergiren, die dem Beispiele des p. Simon folgenden Stadtverord- neten-Vorsteher in der Lage sein würden, sich an die Ansicht der Aufsichts-Behörde nicht zu kehren. Beansprucht man für den Stadtverordneten-Vorsteher so weit gehende Befugnisse, so ist klar, daß die Konsequenzen dieser Ansicht zu einer völligen Ablösung der Kommunen vom Staats-Organismus, mithin zur Zerstörung eines Theiles der staatlichen Ordnung führen.

Die Ansicht, welche das mehrerwähnte Verfahren des Herrn p. Simon an- scheinend geleitet hat, ist demnach als ein gemeinschädlicher, ja staatsgefährlicher Irrthum zu bezeichnen.

In Erwägung solcher Gründe müssen wir es mit unseren Pflichten, als Wächter der öffentlichen Ordnung unvereinbar erachten, ungerügt hingehen zu lassen, wenn in der Presse die in erregter Feststimmung vielleicht gelegentlich applaudirten Aussprüche mit dem Anschein voller Uebereinstimmung wiedergegeben werden, wo- nach der Stadtverordneten-Vorsteher — welcher doch kürzlich einen so flagranten Akt der Auflehnung gegen die Aufsichtsbehörde ausgeführt hat, — eine Bürger- krone verdient und das nacheiferungswürdigste Beispiel bürgerlicher Tugend gegeben haben soll. Es liegt hierin unverkennbar eine sehr wirksame Anreizung zu gleichartigem Ungehorsam gegen die Anordnungen der Obrigkeit; eine Aufforderung, welche in den weitesten Kreisen unrichtige Vorstellungen zu verbreiten und die Bande der bestehenden staatlichen Ordnung zu lockern geeignet ist.

Euer Hochwohlgeboren als dem Verleger der „Schlesischen Zeitung" sind wir daher genöthigt, auf Grund der §§. 1. (Alinea 6) und 3. der Verordnung vom 1. v. M., betreffend das Verbot von Zeitungen und Zeitschriften (Gesetzsammlung Seite 349), wie hiermit geschieht, eine Verwarnung zu ertheilen.

Breslau, den 1. Juli 1863.

Königliches Regierungs-Präsidium.
Schleinitz.

41.
Breslau. Schlesisches Morgenblatt.

Ew. Wohlgeboren lassen wir anbei Abschrift einer an den Verleger der „Schlesischen Zeitung" heute gerichteten Verwarnung zur Kenntnißnahme mit dem Bemerken zugehen, daß, da der darin näher bezeichnete Bericht in Nr. 149 des „Schlesischen Morgenblattes" reproduzirt wird, wir Ihnen als dem Verleger dieses Blattes auf Grund der §§. 1. und 3. der Verordnung vom 1. v. M., betreffend das Verbot von Zeitungen und Zeitschriften (Gesetz-Sammlung Seite 349), wie hiermit geschieht, eine Verwarnung ertheilen müssen.

Breslau, den 1. Juli 1863.

Königliches Regierungs-Präsidium.

Schleinitz.

42.

Wehlau. Volksbote.

Das in Ihrem Verlage erscheinende Blatt „Der Volksbote" enthält in der Nr. 40 vom 30. Juni einen Brief de dato Berlin, den 24. Juni 1863, dessen Inhalt eine die öffentliche Wohlfahrt gefährdende Tendenz bekundet. Es werden in demselben unter Hinblick auf das Nichtzustandekommen des Etatsgesetzes die gegenwärtigen Zustände in Preußen als der Verfassung zuwiderlaufend geschildert und diejenigen Gründe, welche für die Gesetzmäßigkeit der entsprechenden Maßregeln in dem Briefe de dato Tapiau, den 17. Juni, aufgeführt sind, als „Unsinn" bezeichnet. In höhnender verächtlicher Weise werden die Einrichtungen des Staats ebenso wie die Anordnungen des Staatsministeriums durch Behauptung entstellter Thatsachen dem Hasse und der Verachtung ausgesetzt. Da überdem das in Ihrem Verlage erscheinende Blatt fortdauernd eine der öffentlichen Wohlfahrt gefährdende Haltung beobachtet hat, wird Ihnen hiermit auf Grund der §§. 1. und 3. der Allerhöchsten Verordnung vom 1. Juni 1863 eine Verwarnung ertheilt.

Königsberg, den 1. Juli 1863.

Königliches Regierungs-Präsidium.

v. Kamptz.

43.

Zielenzig. Neumärk. politisches Wochenblatt.

Der in Nr. 26 des „Neumärkischen politischen Wochenblatts" enthaltene Korrespondenz-Artikel aus Berlin vom 21. Juni d. J. bringt die Mittheilung, daß einigen richterlichen Beamten, die Abgeordnete sind, ihr Ferienurlaub abgeschlagen sei, weil sie schon während der Zeit, in der sie als Abgeordnete thätig gewesen, eine Stellvertretung nöthig gemacht hätten. Der Korrespondent subsumirt diese Urlaubsverweigerung unter die Maßregelungen liberaler Beamten mit den bei der jetzigen Gesetzgebung dazu vorhandenen Mitteln, und legt ihr zugleich das Motiv unter, auf diese Weise die Beamten, welche Abgeordnete sind, wenigstens indirekt zu den Kosten ihrer Stellvertretung heranzuziehen. Er schiebt also den Behörden, welchen die Urlaubs-Ertheilung zusteht, statt derjenigen rein sachlichen und dienstlichen Momente, auf welche sie dabei allein Rücksicht zu nehmen haben, die Absicht persönlicher Verfolgung der betreffenden Beamten wegen ihrer politischen Gesinnung und die Tendenz unter, diese Beamten, indem man ihnen mit Rücksicht auf ihre Abwesenheit zum Landtage den Urlaub versagt, für die Zukunft zur Remunerirung eines Stellvertreters während derselben zu veranlassen. In demselben Artikel wird ferner von Ordonnanzen, gleich der — durch die veröffentlichten

Motive von der Staatsregierung als nothwendige und verfassungsmäßige Maßnahme begründeten — Allerhöchsten Verordnung vom 1. Juni d. J. in der Art gesprochen, daß jener Ausdruck im Sinne einer verfassungswidrigen Anordnung auch auf letztere bezogen werden muß und damit das Verfahren der Staatsregierung hinsichtlich ihres Erlasses verdächtigt. Die dem Artikel voraufgehende Aufforderung zum Abonnement enthält überdies die Bemerkung, daß die gedachte Verordnung, welche keineswegs eine ruhige und maßvolle Besprechung der öffentlichen Angelegenheiten behindern soll, die Redaktion nicht habe mundtodt machen können.

In derselben Nummer wird ferner in dem Korrespondenz-Artikel aus Berlin vom 23. Juni die Regierung beschuldigt, der „Breslauer Zeitung" eine Verwarnung in verletzender Form ertheilt zu haben, welches Urtheil nach dem weiter folgenden Wortausdruck derselben offenbar nicht begründet ist. Gleich darauf heißt es, die Regierungsblätter beklagten sich über das Schweigen der liberalen Zeitungen und suchten sie mit Vorwürfen, ja mit Verdächtigungen zum Sprechen zu reizen. Der ohne jede andere Interpretation gelassene Ausdruck „Regierungsblätter" muß den Leser zu der Annahme führen, daß die Staatsregierung ihre amtlichen Organe zu einer gehässigen Aufreizung benutze.

Die obigen Citate geben den Beweis, daß die Haltung Ihres Blattes, welche mir aus vielfachen früheren Vorgängen schon längere Zeit als eine die öffentliche Wohlfahrt gefährdende bekannt ist, sich noch nicht geändert hat und daß es namentlich bestrebt ist, die Einrichtungen des Staates und die öffentlichen Behörden und deren Anordnungen durch Behauptung gehässig dargestellter Thatsachen und durch Schmähungen dem Hasse und der Verachtung auszusetzen.

Auf Grund der §§. 1. und 3. der Verordnung vom 1. Juni d. J. ertheile ich Ihnen daher hiermit eine erste Verwarnung.

Frankfurt a. O., den 2. Juli 1863.

Der Regierungs-Präsident.

v. Münchhausen.

44.

Memel. Memeler Dampfboot.

Die in Ihrem Verlage erscheinende Zeitschrift, das „Memeler Dampfboot", läßt in ihrer Gesammthaltung das Bestreben erkennen, den öffentlichen Frieden durch Aufreizung der Angehörigen des Staats gegen einander zu gefährden und die Einrichtungen des Staats, die öffentlichen Behörden und deren Anordnungen durch Behauptung entstellter und gehässig dargestellter Thatsachen dem Hasse und der Verachtung auszusetzen. Dies Bestreben offenbart sich aufs Neue in dem in Nr. 75 dieser Zeitschrift enthaltenen Leitartikel aus Berlin, welcher, wenn auch in versteckter, doch deutlich erkennbarer Weise die Maßnahmen der königlichen Staatsregierung verdächtigt und schmäht, dagegen geschehene ungesetzliche Agitationen gegen dieselbe als erfreulich und als Merkmale „bürgerlicher Thätigkeit" bezeichnet. Das Regierungs-Präsidium befindet sich daher in der Lage, Ihnen in Ihrer Eigenschaft als Verleger des „Memeler Dampfboots" auf den Grund der §§. 1. und 3. der Verordnung vom 1. v. M. hierdurch eine Verwarnung ertheilen zu müssen.

Königsberg, den 3. Juli 1863.

Königl. Regierungs-Präsidium.

v. Kampt.

45.

Culm. Nadwislanin.

Der »Nadwislanin« setzt sein Verfahren fort, die günstigen Erfolge der Insurgenten in Polen ganz einseitig und in übertriebenem Maße zu referiren und dadurch die preußischen Unterthanen polnischer Zunge in verderblicher Weise aufzuregen. In Nr. 67 wird in dieser Art der Aufstand des Landvolks in mehreren Kreisen berichtet, als gegen seine Feinde (najezdniki) gerichtet, während dies die rechtmäßige Landes-Regierung ist. In zweiter Spalte folgt endlich ein Passus folgenden Inhalts: „Wenn die Siege auf dem Felde des Kampfes in der verflossenen Woche für das polnische Schwert im Allgemeinen glücklich waren, so waren die Siege der National-Regierung über die russische Regierung ungleich glänzender." Folgt die Angabe, daß mehrere Offiziere der Warschauer Garnison auf Befehl der National-Regierung verschwunden sind. Weiter unten loc. cit.: „Ein zweiter noch ungleich glänzenderer Sieg der National-Regierung ist das Verschwinden von 4½ Millionen Rubel aus der Generalkasse der Finanzen zu Gunsten der National-Regierung." In dieser Weise sind Pflichtvergessenheit und Diebstahl an öffentlichen Kassen als glänzende Siege bezeichnet, welche noch die Siege mit den Waffen übertreffen.

Es ist unverkennbar, daß eine solche Darstellung die Gesinnung der preußischen Unterthanen polnischer Zunge vergiften und irre führen muß. Ich ertheile daher dem Verleger des »Nadwislanin« Herrn v. Golkowski auf Grund der Verordnung vom 1. Juni a. c. §§. 1. und 3. die angeordnete erste Verwarnung mit dem Anheimgeben, weitere Maßnahmen zu vermeiden.

Marienwerder, den 5. Juli 1863.

Der Regierungs-Präsident.

B. Graf Eulenburg.

46.

Barmen. Barmer Zeitung.

Die in Ew. Wohlgeboren Verlage erscheinende „Barmer Zeitung" hat in mehreren „politische Uebersicht" bezeichneten Leitartikeln eine Haltung angenommen, welche die öffentliche Wohlfahrt gefährdet und gegen die Bestimmung der Verordnung vom 1. Juni c. verstößt.

Indem die „Barmer Zeitung" in dem Leitartikel vom 26. v. M. Alinea 2, unter deutlichem Hinweise, daß sie diesseitige Zustände meine, der Staats-Regierung den Vorwurf macht, „sie verfolge nicht das allgemeine Interesse des Staates und Volkes, sondern das Interesse einer kleinen Parthei, die das Volk nur ausbeuten wolle," läßt sie das Bestreben erkennen, den öffentlichen Frieden zu gefährden. Der Leitartikel vom 27. v. M. ferner setzt in seiner Besprechung der Grundlage der Verordnung vom 1. Juni c. die letztere durch gehässige Darstellung und Entstellung der Thatsachen dem Hasse und der Verachtung aus; denselben Zweck verfolgt in noch erhöhterem Maße der Leitartikel vom 5. d. M., indem darin behauptet wird, es sei in dem Staate der Intelligenz, in Preußen, der Intelligenz der Mund geschlossen worden, und in den darauf folgenden Worten das Bestreben an den Tag tritt, geflissentlich und in gehässiger Weise Preußen gegen einen andern deutschen Staat herabzusetzen.

Bei dieser Haltung der „Barmer Zeitung" finde ich mich veranlaßt, Ihnen eine Verwarnung im Sinne des §. 3. der Verordnung vom 1. Juni c., das Verbot von Zeitungen und Zeitschriften betreffend, zu ertheilen.

Düsseldorf, den 6. Juli 1863.

Der Regierungs = Präsident.
v. Massenbach.

47.

Berlin. Deutsche Jahrbücher.

Die in dem durch Sie vertretenen Guttentag'schen Verlage erscheinende Zeitschrift „Deutsche Jahrbücher für Politik und Literatur", hat seit ihrer Gründung das Bestreben an den Tag gelegt, die Einrichtungen des Staats, die öffentlichen Behörden und deren Anordnungen durch Behauptung entstellter oder gehässig dargestellter Thatsachen dem Hasse auszusetzen.

Vorzugsweise ist diese Tendenz, und zwar bis in die neueste Zeit in dem regelmäßig in jedem Heft gelieferten politischen Monatsbericht verfolgt worden.

Der in dem Juliheft enthaltene bespricht in der charakterisirten Weise die Schließung des Landtags, überhaupt die Stellung der Staats=Regierung zu demselben und die Verordnung vom 1. Juni d. J., betreffend das Verbot von Zeitungen und Zeitschriften. Zuvörderst ist es eine Entstellung von Thatsachen, wenn der Gegensatz gegen die Majorität des Abgeordnetenhauses als ein solcher gegen die Majorität der Landesvertretung bezeichnet wird, da das Abgeordnetenhaus allein diese nicht bildet, und die Staats=Regierung zur Majorität beider Häuser des Landtags in einen Gegensatz nicht getreten ist. Desgleichen ist es eine Entstellung, wenn behauptet wird, es sei als Eingriff in die Königliche Prärogative bezeichnet worden, wenn die Landesvertretung nicht jeden Posten, den ein Minister fordere, bewillige, und es habe der sogenannte Eingriff in die Prärogative die Unfehlbarkeit der Ministerialherrschaft decken müssen, wie sündhafte Priester sich hinter das Heiligthum ihrer Gottheit verstecken.

Zwar wendet der fragliche Artikel bei dem hier hervorgehobenen Absatz sich an die „Gegenpartei gegen die Majorität der Landesvertretung". Da es sich jedoch um die Begründung des Tadels handelt, daß der Landtag geschlossen worden, ist der Angriff sachlich gegen die Staats=Regierung und ihre Maßnahmen gerichtet.

Nicht minder verfällt die über die Verordnung vom 1. Juni d. J. geübte Kritik dem hier erhobenen Vorwurf, indem auf Seite 164, 165 und in der Note daselbst eine Reihe von Verfassungsartikeln zusammengestellt ist, als seien dieselben durch jene Verordnung verletzt, während dies nicht der Fall ist, ein Theil jener Bestimmungen sogar außer aller Beziehung zu dem Inhalte der Verordnung steht.

Auf Grund der §§. 1. 3. 8. der allegirten Verordnung vom 1. Juni d. J. ertheile ich Ihnen daher hiermit eine Verwarnung, da die Haltung des Blattes fortdauernd die öffentliche Wohlfahrt gefährdet.

Berlin, den 7. Juli 1863.

Der Polizei - Präsident.
v. Bernuth.

48.

Brieg. Oderblatt.

Das in Ew. Wohlgeboren Verlage erscheinende Oderblatt Nr. 52 führt in dem Eingangs-Artikel aus:

„Alles was Stein, Hardenberg und Humboldt für die Sache des politischen Fortschritts gethan, hatten sie nicht sowohl als Edelleute, sondern obgleich sie zum Adel gehörten, gethan. Der Adel habe auch ein Recht, alle auf den politischen Fortschritt gerichteten Bestrebungen anzufeinden, denn es sei durch diese Bestrebungen um seine Herrschaft über das Bürgerthum gekommen."

Nach dieser Ausführung wird der Adel mit unverkennbarer Absicht geschmäht, als ein dem Bürgerstande feindlicher Stand hingestellt, und die öffentliche Wohlfahrt insofern gefährdet, als die Angehörigen des Staats gegen einander aufgereizt werden.

Sodann wird in derselben Nr. 52 in einem Artikel unter „Baiern" die Eröffnung des Landtages besprochen und in der unverkennbaren Absicht, die Krone und die Regierung Preußens herabzusetzen, vorgetragen, wie dort in Baiern es der Krone nicht einfalle, ihre Rechte und Vorrechte dem Landtage und dem Volke wie ein versteinerndes Medusenhaupt entgegen zu halten.

Da auch die Gesammthaltung des Oderblattes der verwerflichen Tendenz dieser beiden Artikel entspricht, so wird Ihnen als Verleger dieses Blattes auf Grund der Verordnung vom 1. Juni d. J., betreffend das Verbot von Zeitungen und Zeitschriften, eine Verwarnung ertheilt.

Breslau, den 8. Juli 1863.

Königliches Regierungs-Präsidium.
v. Schleinitz.

49.

Culm. Nadwislanin.
(Zweite Verwarnung.)

In der Nr. 73 der in Ihrem Verlage erscheinenden polnischen Zeitschrift: »Nadwislanin« wird Folgendes mitgetheilt: „Chronik." „Zum Beweise der Rechtschaffenheit unseres polnischen Volkes bringen wir unsern Lesern das nachstehende Ereigniß zur Kenntniß. Auf Verwendung des Schmieds Andreas Centyl, wohnhaft in der Gemeinde Sulnowo, wurde am 24. Juni c. in Schwetz Geld eingezahlt, Behufs Lesens der heiligen Messe, zum Zwecke der glücklichen Beendigung des Prozesses wider den früheren Redakteur Herrn J. Chociszewski. Für solch ein Volk ist weder Arbeit noch Dulden zu schwer." Daß der frühere Redakteur Chociszewski wegen öffentlicher schriftlicher Aufforderung zur Ausführung eines hochverrätherischen Unternehmens verhaftet worden ist, ist sowohl Ihnen als den Lesern des »Nadwislanin« bekannt, denn in der Nr. 70 derselben Zeitschrift wird der Verhaftsbefehl des Anklagesenats des königlichen Kammergerichts gegen den ec. Chociszewski vom 3. Juni c. wörtlich mitgetheilt. Wenn daher die Rechtschaffenheit des sogenannten polnischen Volkes (worunter ohne Zweifel ein Theil der preußischen Unterthanen polnischer Zunge gemeint ist) danach bemessen wird, daß dasselbe für einen eines schweren Verbrechens wegen Angeklagten Partei nimmt, und wenn dieses sogenannte polnische Volk dieser Parteinahme wegen in den Worten: „Für solch ein Volk ist weder Arbeit noch Duldung zu schwer" belobt wird, so ist dieser Artikel darauf berechnet, das Rechtsbewußtsein der Leser des »Nadwislanin« zu verwirren und sie zur Nachfolge des aufgestellten Beispiels zu entflammen, sie also gegen ihre rechtmäßige Regierung aufzuhetzen. Ich sehe mich daher veranlaßt, Ihnen auf Grund der §§. 1. und 3. der Verordnung vom 1. Juni 1863 hiermit die zweite Verwarnung zu ertheilen.

Marienwerder, den 9. Juni 1863.

Der Regierungs-Präsident.
B. Graf Eulenburg.

50.

Dortmund. Westfälische Zeitung.
(Zweite Verwarnung.)

Die in Ihrem Verlage erscheinende „Westfälische Zeitung" zeigt in jüngster Zeit unverholen, daß sie die nach Maßgabe der Allerhöchsten Verordnung vom 1. Juni d. J., betreffend das Verbot von Zeitungen und Zeitschriften, für unzulässig zu erachtende oppositionelle Gesammthaltung, welche die Verwarnung vom 11. v. M. herbeiführte, nicht aufgegeben wurde. Beläge hierfür finden sich in einer großen Anzahl der in den letzten Wochen ausgegebenen Nummern des Blattes. Häufig wird in offenbar tendenziöser Absicht unverkürzt der Wortlaut von Beschlüssen und Adressen verbreitet, die den obrigkeitlichen Anordnungen zuwider sind, während mehrmals einzelne Artikel in Besprechung heimischer Vorgänge und Zustände weitaus das Maß einer unbefangenen Kritik überschreiten.

So enthalten z. B. die Artikel „Berlin, 15. Juni" in Nr. 160 und „Liebenwerda, 15. Juni" in Nr. 161, eine unverkennbare Verhöhnung öffentlicher Behörden und Staatseinrichtungen, indem in dem ersteren die Ungeneigtheit Sr. Majestät des Königs, eine Breslauer Deputation zu empfangen, den „Zauberkreisen" des Königlichen Ministerpräsidenten beigemessen, und in letzterem von der „Gottesgnade des Herrn v. Bismarck" gesprochen und gesagt wird, „es gebe einen preußischen Oberbeamten, der in Bezug auf Denkverständigkeit fertig bringe, was kein vernünftiger Mensch vermöge" und „der" — im Causalnexus hiermit — „eine Zierde

des Herrenhauses abgeben werde." In der folgenden Nr. 162 wird von der „ge=
knebelten öffentlichen Meinung" gesprochen, in Nr. 163 eine Menge von Aus=
sprüchen berühmter Persönlichkeiten über Preßfreiheit geflissentlich zusammengestellt,
und so weiter in mehreren der folgenden Nummern eine theils ausdrücklich aus=
gesprochene, theils leicht erkennbare Richtung gegen die in neuerer Zeit Seitens
der Königlichen Staats=Regierung getroffenen Anordnungen verfolgt, während in
den jüngst erschienenen Nummern 181, 182 und 184 sogar Artikel verbreitet wer=
den, welche persönliche Verhältnisse und unverbürgte Aeußerungen von Mitgliedern
des Allerhöchsten Königshauses in gehässiger und entstellter Weise zur Grundlage
für Tendenzpolitik machen und dadurch die schuldige Ehrfurcht verletzen.

Da derartige Kundgebungen Bestrebungen darthun, welche in §. 1. der
Allerhöchsten Verordnung vom 1. Juni d. J. als „die öffentliche Wohlfahrt ge=
fährdend" charakterisirt sind, so findet das unterzeichnete Präsidium sich veranlaßt,
Ihnen auf Grund jener Verordnung und unter Hinweis auf die durch dieselbe an
ein ferneres Beharren in dieser Richtung geknüpften Folgen hierdurch eine noch=
malige Verwarnung zu ertheilen.

Arnsberg, den 11. Juli 1863.

Das Regierungs=Präsidium.
Mauve.

51.

Posen. Dziennik Poznanski.

Der in Ihrem Verlage erscheinende »Dziennik Poznanski« veröffentlicht in
Nr. 152 vom 8. d. M. unter der Rubrik „Frankreich" in treuer Uebersetzung
einen an die Völker im Westen gerichteten Aufruf des polnischen Komité's in
Paris, datirt vom 23. Juni d. J. Dieser Aufruf und besonders dessen Eingang:

„Polen schützt seinen Glauben und die Schwelle seines Hauses, es ist
eingedenk seiner Freiheit und Unabhängigkeit, und wird nicht eher auf=
hören zu kämpfen, als bis es von dem mongolischen Eroberer seine Grenzen
von 1772 zurückgewonnen hat"

zielt dahin, die Treue gegen unsern allergnädigsten König zu untergraben, durch
Aufreizung der Unterthanen des Landes gegen einander den öffentlichen Frieden zu
stören und zur Auflehnung gegen das Gesetz zu verleiten. Diese Tendenz tritt
dadurch noch um so offener hervor, daß der polnische Aufstand notorisch dahin
gerichtet ist, das alte polnische Reich in den Grenzen, welche es vor der ersten
Theilung im Jahre 1772 hatte, wieder herzustellen. Dieses Ziel könnte jedoch nur
erreicht werden durch eine gewaltsame Erschütterung des ganzen preußischen Landes,
d. h. durch Hilfe eines Hochverraths, also durch ein Verbrechen, für welches sogar
einer von denen, welche den Aufruf unterschrieben haben, als preußischer Unterthan
Seitens der preußischen Gerichtshöfe steckbrieflich verfolgt wird. Die Tendenz des
»Dziennik Poznanski«, welche sich in der Aufnahme dieses Aufrufs bekundet und
der allgemeinen Tendenz, welche dieses Blatt befolgt, entspricht, bedroht das öffent=
liche Wohl.

Auf Grund der §§. 1. und 3. der Verordnung vom 1. Juni d. J. (Gesetz-Sammlung Abschnitt 17) wird Ihnen daher hiermit eine Verwarnung ertheilt. Posen, den 11. Juli 1863.

Das Königliche Regierungs - Präsidium.
Horn.

52.

Coblenz. Coblenzer Zeitung.

Die Nr. 157 der unter Ihrer verantwortlichen Redaktion erscheinenden Coblenzer Zeitung enthält unter der Rubrik „Vermischte Nachrichten" einen Artikel d. d. Coblenz, den 7. Juli b. J., welcher, nachdem er die Abschaffung der Kreuzzeitung in der hiesigen Casinogesellschaft gemeldet, wörtlich mit folgendem Satz schließt:

Eine Demonstration liegt übrigens diesem Vorgehen der liberalen Gesellschaften nicht zu Grunde, es ist eine einfache Forderung der Gerechtigkeit, daß man auch den einen Theil nicht mehr hören will, nachdem das Hören des andern Theils so sehr erschwert, um nicht zu sagen unmöglich geworden ist.

Abgesehen von dem klaren Widerspruch, welcher darin liegt, daß die in Abrede gestellte Demonstration gerade durch den Nachsatz vollständig bewiesen wird, klagt dieser Artikel die Preßverordnung vom 1. Juni b. J. an, daß sie den liberalen Blättern das Reden erschwert, um nicht zu sagen unmöglich gemacht habe.

Es liegt hierin eine Behauptung, welche dahin zielt, durch Entstellung Einrichtungen des Staates dem Hasse und der Verachtung auszusetzen, denn die Verordnung vom 1. Juni b. J. hat in keiner Weise den liberalen Zeitungen Schweigen auferlegt, sondern nur den seitherigen bedauerlichen Ausschreitungen der Presse, wie sie in §. 1. der Verordnung näher bezeichnet sind, vorbeugen wollen.

Da auch die Gesammthaltung des von Ihnen redigirten Blattes vor dem Erscheinen der Verordnung vom 1. v. M. eine solche gewesen ist, daß sie als die öffentliche Wohlfahrt gefährdend angesehen werden mußte, so sehen wir uns veranlaßt, auf Grund der §§. 1. und 2. der mehrerwähnten Verordnung vom 1. Juni b. J. Ihnen hiermit eine Verwarnung zu ertheilen.

Coblenz, den 13. Juli 1863.

Königliches Regierungs-Präsidium.
In Vertretung: Graf von Villers.

53.

Memel. Bürgerzeitung.
(Zweite Verwarnung.)

Die in Ihrem Verlage erscheinende „Bürgerzeitung" enthält in der Nr. 77 unter der Rubrik „Lokales" eine Kritik der dem „Memeler Dampfboot" durch das Regierungs-Präsidium ertheilten ersten Verwarnung. Dieselbe ist wegen der darin enthaltenen Behauptung entstellter und unwahrer Thatsachen geeignet, die öffentliche Behörde und deren Anordnungen dem Hasse und der Verachtung auszusetzen. So

wird behauptet, daß von der verwerflichen Gesammthaltung des „Memeler Dampf=
boots" in der qu. Verwarnung nichts enthalten sei, daß dieselbe wegen eines angeb=
lich versteckten Angriffs auf das königliche Staatsministerium erfolgt wäre, und
es somit nicht mehr erlaubt sei, „eine Faust in der Tasche zu machen". — Da=
gegen ist in der betreffenden Verwarnung ausdrücklich die Gesammthaltung des
Memeler Dampfboots als eine den öffentlichen Frieden gefährdende charakterisirt
und dabei hervorgehoben, daß die Verwarnung um deshalb erfolge, weil die Maß=
nahmen der Staatsregierung in, wenn auch versteckter, so doch deutlich erkennbarer
Weise geschmäht werden. Da aus Vorstehendem die Ueberzeugung gewonnen wer=
den muß, daß die Gesammthaltung Ihres Blattes sich auch nach der bereits erfolg=
ten, ersten Verwarnung nicht geändert hat, so sieht sich das unterzeichnete Regierungs=
Präsidium in der Lage, Ihnen hiermit eine zweite Verwarnung zu ertheilen.

Königsberg, 13. Juli 1863.　　　Königl. Regierungs=Präsidium.

v. Kampz.

54.

Neurode. Der Hausfreund im Glatzer Gebirge.

Die in Ew. Wohlgeboren Verlage befindliche Zeitung „Der Hausfreund im
Glatzer Gebirge" enthält in Nr. 27 auf Seite 160 unter „Köln" einen Artikel,
welcher gegen die Verordnung vom 1. Juni d. J., betreffend das Verbot von
Zeitungen und Zeitschriften, verstößt.

Es wird in diesem Artikel behauptet, daß die „Kölner Blätter", welche ein
in katholisch=priesterlichem Geiste geschriebenes Blatt genannt werden, in Nr. 105
den vertriebenen König Franz II. von Neapel verherrlichen und in Bezug hierauf
die Bemerkung gemacht:

„Sei so erbärmlich wie du willst, gieb nur den Priestern Recht und diene
ihnen, so kannst du ihres Lobes gewiß sein."

Es wird mit dieser Bemerkung offenbar beabsichtigt, den Priester=Stand
durch Spott herabzuziehen und verächtlich zu machen, und mit der Verspottung
der Priester auch die Kirche selbst zu erniedrigen.

Mit Rücksicht auf den verwerflichen Inhalt dieses Artikels, dem auch die
Gesammthaltung „des Hausfreundes im Glatzer Gebirge" entspricht, wird Ihnen,
als Verleger dieser Zeitung, auf Grund der Verordnung vom 1. Juni d. J. hier=
mit eine Verwarnung ertheilt.

Breslau, den 13. Juli 1863.

Königliches Regierungs=Präsidium.

Schleinitz.

55.

Culm. Nadwislanin.

(Dritte Verwarnung.)

In dem in der Nr. 75 des in Ihrem Verlage erscheinenden polnischen Blattes
»Nadwislanin« mit »Interwencya dyplomatyczna« überschriebenen Artikel wird

4

unter Vorausschickung der Bemerkung: „daß alle Nachrichten, die die Kabinete der intervenirenden drei Mächte über die polnische Sache ausstreuen, Lügen und darauf berechnet seien, das Publikum zu verwirren," ausgeführt: „daß es der polnischen Nation und besonders den abgetrennten Theilen nöthig sei, auszuharren bis an das Ende. Wer es sich fest vorgenommen habe, der werde nur ein Aeußerstes sich vorstellen und das sei der Tod; dem werde es eine gleichgültige Sache sein, ob er früher oder später, ob er so oder so stürbe. Nur in dem wäre Gefahr, wenn die kämpfende Nation vor der äußersten Nothwendigkeit, die den Tod bedeutet, sich zu fürchten anfinge; wenn sie anfinge zu schwanken auf den weitern Schritten aus Rücksichten auf die Größe der Opfer; wenn sie sich fürchtete und beklagte das Vergießen des eigenen Blutes, das Verspritzen bis zum letzten Tropfen. Das Blut sei zwar ein wunderbarer und theurer Saft, aber nichts werth in der niedergetretenen viehischen Existenz in der Knechtschaft.

„Von diesem Kleinmuth sei nun noch keine Spur in dem mit Rußland kämpfenden Polen — ebenso nicht in dem abgetrennten — vielmehr sei der Beweis da, wieviel Erfolge die Festigkeit habe."

Folgt eine Aufzählung von Triumphen der sogenannten National-Regierung.

Dieser Artikel hat offenbar den Zweck, auch die Preußischen Unterthanen polnischer Zunge für eine thätige Theilnahme an der in Rußland ausgebrochenen Insurrektion zu entflammen und gefährdet die öffentliche Wohlfahrt im Sinne des §. 1. der Verordnung vom 1. Juni cr.

Ich ertheile Ihnen daher im Sinne der §§. 1. und 3. der Verordnung vom 1. Juni 1863 hiermit eine Verwarnung.

Marienwerder, den 14. Juli 1863.

Der Regierungs-Präsident.

Für denselben: Schaffrinski.

56.

Königsberg i. Pr. Montags-Zeitung.
(Zweite Verwarnung.)

Die in Ihrem Verlage erscheinende Königsberger „Montags-Zeitung" hat auch seit der Verwarnung vom 23. Juni c. eine Gesammthaltung fortdauernd beibehalten, welche die öffentliche Wohlfahrt gefährdet. So sind beispielsweise die Leitartikel in Nr. 27 „die Fortschrittspartei" und in Nr. 28 „eine Preisaufgabe", zumal wenn man sie zusammenfaßt, geeignet, den öffentlichen Frieden durch Aufreizung der Angehörigen des Staats gegen einander zu gefährden. Der erstere Artikel übergeht absichtlich die Gesetzmäßigkeit der jetzigen Provinzial-, Kreis- und Gemeinde-Verfassung, und sucht durch Uebertreibungen die von ihm hingestellte Partei des bürgerlichen Staates gegen andere Angehörige des Staats zu erbittern. Der letztere Artikel gipfelt seine Tendenz in dem Schlusse, welcher eine Anreizung zum Ungehorsam gegen die Anordnungen der Obrigkeit enthält. Außerdem theilt die Nr. 27 unter der Ueberschrift: „Bekenntnisse eines Zeitungsschreibers" einen Artikel mit, welcher in anscheinend naiver Form die auf Schmähung und Verhöhnung der Einrichtungen des Staates, der öffentlichen Behörden und deren Anordnungen, ja selbst auf Untergrabung der Ehrfurcht und der Treue gegen den König gerichtete wahre Absicht des Verfassers unschwer erkennen läßt. Es folgt dieses namentlich aus einem Satze im Eingange, welcher es offenbar auf eine Schmähung der Verordnung, betreffend das Verbot von Zeitungen und Zeitschriften vom 1. Juni b. J. und des Präsidenten des Staatsministeriums abgesehen hat; aus einer späteren Stelle, in welcher dem Leser der Zeitungen das Verlangen imputirt wird, „daß der Zeitungsschreiber sich ihm täglich als Thierbändiger produzire u. s. w.", und der Schlußtirade des „Lichtes der Freiheit". Auf Grund der §§. 1. und 3. der Verordnung vom 1. Juni c. (Gesetzsammlung S. 349) wird Euer Wohlgeboren hiernach eine zweite Verwarnung ertheilt.

Königsberg, den 15. Juli 1863.

Königliches Regierungs=Präsidium.

v. Kamptz.

57.

Gumbinnen. Preußisch=Litthauische Zeitung.
(Zweite Verwarnung.)

Ungeachtet der Ihnen ertheilten Verwarnung dauert die die öffentliche Wohlfahrt gefährdende Haltung der in Ihrem Verlage erscheinenden „Preußisch=Litthauischen Zeitung" noch fort. In der Nummer 157 der Zeitung wird aus Königsberg vom 7. Juli mitgetheilt: „Der Universitätssenat soll beschlossen haben, bei dem Ministerium wegen des Verfahrens gegen den Medizinalrath Professor Dr. Möller zu remonstriren in der Meinung, daß die Regierung zwar berechtigt sei, ihn als Medizinalrath zur Disposition zu stellen, daß dieses Verfahren jedoch seine Stellung als Dozent an der Universität nicht berühren könne. In dieser Stellung sei der Senat Möller's zunächst vorgesetzte Behörde, und dieser habe Anspruch darauf, vorher gehört zu werden, ehe von anderer Seite her ein derartiges Verfahren gegen eines ihrer Mitglieder angeordnet werde." Nach einer mir zugegangenen amtlichen Benachrichtigung hat der akademische Senat einen Beschluß noch gar nicht gefaßt, auch nicht fassen können, weil erst in der Senatssitzung am 17. d. M. die Angelegenheit zum Vortrag gebracht werden soll. Auch ist die Amts=Suspension des Professors Möller mit Rücksicht auf die Vorschläge der medizinischen Fakultät bewirkt worden. Hiernach und da nach dem Gesetze vom 21. Juli 1852 §§. 1. 18. 19. und 23. Nr. 1. die Disziplin über die Universitäts=Professoren ausschließlich dem Herrn Minister für die geistlichen, Unterrichts= und Medizinal=Angelegenheiten zusteht, enthält die Eingangs erwähnte Mittheilung aus Königsberg eine böswillige Erdichtung zu dem Zwecke, die Anordnungen der Staatsbehörde in Betreff des Verfahrens gegen den Professor Möller dem Hasse oder der Verachtung auszusetzen.

Die Nr. 162 bringt unter der Rubrik „Vermischtes" eine Stelle aus dem vor 100 Jahren geschriebenen Werke Montesquieus: »Esprit des lois«, in welcher von der „neuen Seuche", der ansteckenden Krankheit der stehenden Heere die Rede ist, die nur mit höchster Kraftanstrengung im Frieden erhalten werden könnten, die beständige Vermehrung der Steuern zur Folge hätten und alle Hilfsmittel für die Zukunft wegnehmen. Daß durch diese Uebertreibungen und Behaup-

4*

tung entstellter und gehässig dargestellter Thatsachen die von der preußischen Staats=
regierung eingeführte, vielfach angefochtene neue Armee=Organisation dem Hasse
oder der Verachtung ausgesetzt werden soll, liegt auf der Hand.

Ich sehe mich daher genöthigt, auf Grund des §. 3. der Verordnung vom
1. Juni 1863, betreffend das Verbot von Zeitungen und Zeitschriften, Ew. Wohl=
geboren die zweite Verwarnung hiermit zu ertheilen.

Gumbinnen, den 15. Juli 1863.

Der Regierungs=Präsident.
v. Kries.

58.

Friedeberg i. d. N.=M. Wochenblatt.

Der Korrespondenzartikel d. d. Berlin, den 28. Juni in Nummer 53 des
in Ihrem Verlage erscheinenden Wochenblatts für die Kreise Friedeberg und Arns=
walde, bezeichnet die Protestationen der städtischen Behörden und Versammlungen
gegen die Allerhöchste Verordnung vom 1. Juni d. J., betreffend das Verbot von
Zeitungen und Zeitschriften als nothwendig und erfreulich und als Zeugnisse
für die bürgerliche Tüchtigkeit der Protestirenden. Gegenüber der durch
das Wochenblatt selbst in Nr. 47 gebrachten Mittheilung, daß der Herr Minister
des Innern auf Grund der Vorschriften in der Städte=Ordnung die Berathung
derartiger Proteste durch Stadtverordnete für unstatthaft erklärt und untersagt hat,
kann jene lobende Hervorhebung derselben nur als ein Angriff auf diese An=
ordnung und zugleich auf die Allerhöchste Verordnung vom 1. Juni d. J. betrachtet
werden. In letzterer Beziehung wiederholt sich derselbe in dem weiteren Inhalt
des Artikels, in welchem die zu Berlin stattgefundene Bildung eines Verein „zur
positiven Wahrung der verfassungsmäßigen Preßfreiheit" als eine besonders er=
freuliche Erscheinung und als ein positiver, Hülfe versprechender Akt
dargestellt wird.

Die Haltung des bezeichneten Blattes ist seit geraumer Zeit der Art gewesen,
daß sie die öffentliche Wohlfahrt im Sinne des §. 1. der Allerhöchsten Verordnung
vom 1. Juni d. J. gefährdet. Dies beweisen beispielsweise aus dem laufenden
Jahrgange die Leitartikel Nummer 10 „Herrn von Bismarks Radikalismus", in
Nr. 15 „die Dienstzeit", in Nr. 22 „die kirchliche Reaktion", in Nr. 35 „die Ver=
fassungslücke" und andere neben den meisten der unter der Ueberschrift „Zeitungs=
nachrichten" gebrachten Korrespondenzen und Mittheilungen. Diese Haltung des
Blattes hat sich, wie der oben besprochene Artikel ergibt, noch nicht geändert, und
ertheile ich Ihnen daher hiermit auf Grund der §§. 1. und 3. der Allerhöchsten
Verordnung vom 1. Juni d. J. eine Verwarnung.

Zugleich mache ich Ihnen bemerklich, daß ich in der fortgesetzten Mittheilung
solcher Nachrichten, wie die in Nummer 55 angeblich aus ausländischen Blättern
übernommene, daß Se. Königliche Hoheit der Kronprinz dem Herrn Minister=
Präsidenten seine staatsrechtlichen Bedenken gegen die Verordnung vom 1. Juni

ausgesprochen habe — deren Richtigkeit Sie selbst nicht vertreten können und auch nicht wollen, einen hinreichenden Grund zur ferneren Verwarnung finden werde.

Frankfurt a. O., den 16. Juli 1863.   Der Regierungs-Präsident.

In Vertretung: Frhr. v. Schlotheim.

59.

Culm. Nadwislanin.
(Vierte Verwarnung.)

Das in Ihrem Verlage erscheinende Blatt »Nadwislanin« enthält in der Nr. 77 unter der Ueberschrift „Politische Umschau" mit dem Datum „Culm, den 10. Juli c." einen Artikel, in welchem es unter anderen heißt:

„Polen lebt, daher muß es sein Leben erkaufen durch das Blut seiner Söhne rc."

Es liegt hierin eine Billigung des im Königreich Polen bestehenden Kampfes, dessen Zweck die Wiederherstellung des Polens von 1772 und daher gegen Preußen mit gerichtet ist.

Die fernere Bezeichnung der beiden Schwestern Litthauen und Polen, als seien sie „geknutet, geschlagen, gemartert", muß dem Zusammenhange nach nicht nur auf das jetzt unter russischem Scepter stehende, sondern gleichfalls auch auf das alte Polen in den Grenzen von 1772 bezogen werden, und enthält daher Schmähungen gegen die preußische Regierung und deren Einrichtungen.

Der »Nadwislanin« fährt auf solche Weise fort, die öffentliche Wohlfahrt zu gefährden.

Euer Hochwohlgeboren ertheile ich im Sinne der §§. 1. und 3. der Verordnung vom 1. Juni b. J. hiermit eine Verwarnung.

Marienwerder, den 16. Juli 1863.   Der Regierungs-Präsident.

Für denselben: Schaffrinski.

60.

Heydekrug. Lietuvininkû Paslas.

Die in Ihrem Verlage erscheinende Litthauische Zeitung »Lietuvininkû Paslas« hat von Anbeginn eine die öffentliche Wohlfahrt gefährdende Haltung angenommen und dieselbe auch nach dem Erlasse der Allerhöchsten Verordnung vom 1. Juni b. J., betreffend das Verbot von Zeitungen und Zeitschriften, beibehalten. Die Gesammthaltung des Blattes läßt auch in den seit dem 1. Juni b. J. erschienenen Nummern, namentlich in den Nummern 16, 17, 18 und 19 das Bestreben erkennen, die Einrichtungen des Staats, die öffentlichen Behörden und deren Anordnungen durch Behauptung entstellter oder gehässig dargestellter Thatsachen dem Hasse oder der Verachtung auszusetzen. Auf Grund des §. 3. der erwähnten Verordnung ertheile ich Ihnen daher hiermit eine Verwarnung.

Gumbinnen, den 17. Juli 1863.

Der Regierungs-Präsident.

v. Kries.

61.

Tilsit. Tilsiter gemeinnütziges Wochenblatt.

Das in Ihrem Verlage erscheinende „Tilsiter gemeinnützige Wochenblatt" hat schon seit längerer Zeit eine der Staats-Regierung feindselige Haltung angenommen. Insbesondere ist in verschiedenen Artikeln, so auch in den Nummern 64, 65, 70 durch gehässige Zusammenstellung theils von Thatsachen, theils von gesetzlichen Bestimmungen indirekt aber verständlich ausgesprochen, daß die Handlungen und Anordnungen der Staats-Regierung der Verfassung zuwider seien, daß die Regierung das verfassungsmäßige Zustandekommen des Budgets verhindert und unmöglich gemacht, daß sie durch den Erlaß der Verordnung vom 1. d. M. über das Verbot von Zeitschriften und Zeitungen eine große Anzahl von Paragraphen der Verfassung verletzt habe. Durch derartige Schmähungen werden die Staats-Regierung und deren Anordnungen dem Hasse und der Verachtung ausgesetzt und wird die öffentliche Wohlfahrt gefährdet; deshalb ertheile ich Ihnen hiermit auf Grund der §§. 1. und 3. der allegirten Verordnung eine Verwarnung.

Gumbinnen, den 17. Juni 1863.

Der Regierungs - Präsident.
In Vertretung: Siehr.

62.

Zielenzig. Neumärkisches politisches Wochenblatt.
(Zweite Verwarnung.)

In Nr. 29 Ihres Blattes wird unter den „Vermischten Nachrichten" und der Ueberschrift „Militärischer Junker-Uebermuth" eine Begebenheit aus den Tagen vor der Schlacht bei Jena erzählt, für deren Mittheilung, da die Umstände, durch welche in jener Schlacht die preußische Armee eine Niederlage erlitt, hinreichend bekannt sind, das bloße historische Interesse jetzt nicht mehr zur Rechtfertigung dienen kann. Wohl aber liegt in der Reproduktion einer solchen Begebenheit die Aufforderung zum Vergleich der damaligen mit den jetzigen Zuständen und der Denkungsweise in der Königlichen Armee, und die Verleitung zu der Annahme, daß diese den ersteren ähnlich, daß Uebermuth und Eigendünkel jetzt ganz dieselben, wie vor der Jenaer Schlacht, und daß daher bei einem ausbrechenden Kriege für das preußische Heer wiederum nur traurige Niederlagen zu befürchten seien. Eine derartige, wenn auch versteckte Schmähung des vaterländischen Heeres fällt unter §. 1. der Allerhöchsten Verordnung vom 1. Juni b. J., und ich finde mich daher veranlaßt, Sie auf Grund desselben und des §. 3. zum zweiten Male zu verwarnen, indem ich Sie zugleich auf den §. 2. der Verordnung verweise.

Frankfurt a. O., den 21. Juli 1863.

Der Regierungs - Präsident.
In Vertretung: von Schlottheim.

63.

Lauban. Wöchentlicher Anzeiger.

Der in Euer Wohlgeboren Verlage und unter Ihrer Redaktion erscheinende „Wöchentliche Anzeiger" für die dortige Stadt und Umgegend bespricht im Eingange seiner Nr. 58 in einer Korrespondenz de dato Berlin, den 16. Juli die bekannte dem Professor von Holzendorff zu Berlin seitens des Herrn Ministers für geistliche, Unterrichts= und Medizinal=Angelegenheiten ertheilte Verwarnung, sowie den im Verfolge der Demonstration des Universitäts=Senates zu Berlin ergangenen ferneren Ministerialerlaß in einer Weise, welche eine Gefährdung der öffentlichen Wohlfahrt im Sinne des §. 1. der Verordnung betreffend das Verbot von Zeitungen und Zeitschriften vom 1. Juni d. J. enthält. Der gedachte Artikel erblickt in dem Verfahren des Herrn Kultusministers einen Eingriff in die Stellung der Universitäts=Professoren und die Rechte des akademischen Senates, und hofft von Seiten des Letzteren eine nochmalige energische Wahrung der Stellung der Professoren, indem die Pflicht der Selbsterhaltung dieses gebiete. Diese Behauptungen sind jedoch, wie bereits in dem im „Staatsanzeiger" veröffentlichten bezüglichen Erlasse des Herrn Unterrichtsministers nachgewiesen worden ist, weder aus den Gesetzen, noch aus den Statuten der Universität Berlin irgendwie zu begründen, vielmehr ergiebt sich aus §§. 18. und 96. des Disziplinargesetzes für nichtrichterliche Beamte vom 21. Juli 1852 die gesetzliche Berechtigung für das gegen den betreffenden Universitätslehrer angewendete Verfahren auf das Ueberzeugendste. Wenn nun der gedachte Korrespondenzartikel unter vollkommener Nichtbeachtung der rechtlichen Seite der Sache sich eine mißbilligende Kritik der ergangenen Ministerialerlasse beikommen läßt, so wird überdies noch hinzugesetzt, wie die schnelle Rückäußerung des k. Kultusministerii bemerkenswerth erscheine, und daß man sich in dieser Instanz offenbar beeile, diese Sache im jetzigen Zeitpunkte, als dem hierzu günstigsten, zum definitiven Ende zu führen. In diesen Ausführungen ist eine Schmähung des Königlichen Ministerii und dessen Anordnungen unter Behauptung entstellter, resp. gehässig dargestellter Thatsachen enthalten.

In Folge dessen und im Hinblick auf die bisherige Gesammthaltung des „Wöchentlichen Anzeigers", welche sich namentlich in dem Leitartikel der Nr. 57, so wie in dem in Nr. 52 enthaltenen Referate über die Sitzung des dortigen Verfassungsvereines — welches dem Herrenhause ein Ueberschreiten seiner Befugnisse vorwirft — kundgiebt, ertheile ich Euer Wohlgeboren auf Grund der §§. 1. und 3. der Verordnung vom 1. Juni d. J., betreffend das Verbot von Zeitungen und Zeitschriften, hierdurch eine Verwarnung.

Liegnitz, den 23. Juli 1863.   Der Regierungs=Präsident.
                                                Graf Zedlitz=Trützschler.

64.

Glogau. Niederschlesischer Anzeiger.

Der in Ihrem Verlage erscheinende „Niederschlesische Anzeiger" hat mit seiner Nr. 75 eine Einladung zur Subscription auf das im Verlage der Buchhandlung Oswald Seehagen zu Berlin erscheinende Werk: „Die Männer des Volkes in der Zeit des deutschen Elends" an die Leser verbreitet, welche ihrem gesammten Inhalte nach die öffentliche Wohlfahrt im Sinne des §. 1. der Verordnung vom 1. Juni cr., betreffend das Verbot von Zeitungen und Zeitschriften, gefährdet. Indem die gedachte Subscriptions-Einladung des bekannten Aufrufes weiland Königs Friedrich Wilhelm III. aus dem Jahre 1813 mit dem Bemerken gedenkt, daß derselbe die Begeisterung des Volkes nicht erweckt habe, spricht die Einladung unmittelbar darauf von der Charakterlosigkeit der Fürsten und deren Höflinge, von ihrem Widerstande gegen den erwachenden Volksgeist, vor dem sie fast noch mehr, als vor dem Feinde gezittert haben, sowie endlich davon, daß der Volksgeist die Höfe gezwungen habe, trotz ihres Widerstandes mit dem Volke zu gehen. Nachdem noch der großen Männer jener Zeit sowie der Herren und Feldherren geringschätzend gedacht worden ist, schließt die Einladung mit dem Ausdrucke, daß es sich darum handle, der öffentlichen Meinung die Hände zu binden und die Gotteskraft zu rauben. — In diesen Bemerkungen ist nicht allein ein Verletzen der schuldigen Treue und Ehrfurcht gegen das Andenken Königs Friedrich Wilhelm III. enthalten, sondern es sind dieselben auch darauf gerichtet, den öffentlichen Frieden durch Aufreizung der Angehörigen des Staates gegen einander zu gefährden. Da Euer Wohlgeboren die bezeichnete Subscriptions-Aufforderung in einer Anzahl von 1000 Exemplaren als Beilage der von Ihnen verlegten Zeitung verbreitet haben, eine derartige Beilage aber als ein integrirender Theil der Zeitung selbst zu erachten ist, so ertheile ich Ihnen auf Grund der §§. 1. und 3. der Verordnung vom 1. Juni d. J., betreffend das Verbot von Zeitungen und Zeitschriften, eine Verwarnung.

Liegnitz, den 23. Juli 1863.

Der Regierungs-Präsident,
Graf Zedlitz-Trützschler.

Anmerk.: Die Expedition des Anzeigers wurde von einer Buchhandlung in Glogau ersucht, der Nr. 75 des genannten Blattes Subscriptions-Einladungen auf das bei Oswald Seehagen in Berlin erscheinende Werk „die Männer des Volks in der Zeit deutschen Elends 1805 bis 1813" beilegen zu lassen, was auch bei denjenigen Exemplaren, welche nicht durch die Post versendet wurden, geschah. Die Subscriptions-Einladung ist bei Möser in Berlin gedruckt, und war im Blatte selbst nicht angezeigt worden.

65.

Posen. Ostdeutsche Zeitung.
(Zweite Verwarnung.)

Der in Nr. 164 der in Ihrem Verlage erscheinenden „Ostdeutschen Zeitung" vom 17. d. M., Seite 1, Spalte 1 befindliche Artikel unter der Ueberschrift: „Verwarnungs-Angelegenheit" wirkt dahin, die öffentlichen Behörden und deren Anordnungen durch Behauptung nicht blos entstellter, sondern ganz unrichtiger Thatsachen und durch Verhöhnungen der Verachtung auszusetzen, und läßt das Bestreben, dahin zu wirken, nicht verkennen.

Der in derselben Nummer Seite 1, Spalte 3 befindliche Artikel unter der

Ueberschrift: „Miloslaw, 15. Juli" läßt gleichfalls das Bestreben deutlich erkennen, die Anordnungen der Behörden durch Behauptung ganz unrichtiger, entstellter und gehässig dargestellter Thatsachen dem Hasse auszusetzen und den öffentlichen Frieden durch Aufreizung der Angehörigen des Staates gegen einander zu gefährden.

Das gleiche Bestreben tritt in dem in Nr. 166 vom 20. d. M., Seite 3, Spalte 1 befindlichen Artikel mit der Ueberschrift: „Ueber die Vorfälle an der Grenze bei Miloslaw" unzweideutig hervor.

Endlich ist der in Nr. 168 vom 22. d. M., Seite 1, Spalte 1 befindliche Artikel d. d. Berlin, 21. Juli, beginnend mit den Worten: „Der wackere Wales=rode," augenscheinlich bestrebt, die Einrichtungen des Staats und die Anordnungen der Behörden durch entstellte und gehässig dargestellte Thatsachen und durch Ver=höhnungen dem Hasse und der Verachtung auszusetzen und zum Ungehorsam gegen die Gesetze anzureizen.

Diese in der neuesten Zeit von der „Ostdeutschen Zeitung" an den Tag ge=legte Haltung, der die Gesammthaltung, welche diese Zeitung trotz der Ihnen un=ter dem 8. Juni d. J. ertheilten Verwarnung schon bisher fortgesetzt, insbesondere in den Berichten über die polnische Insurrektion beobachtet hat, völlig entsprechend ist, gefährdet fortdauernd die öffentliche Wohlfahrt.

Auf Grund der §§. 1. und 3. der Verordnung vom 1. Juni d. J. (Gesetz=Sammlung Stück 17) wird Ihnen deshalb hiermit eine nochmalige Verwarnung ertheilt.

Posen, den 24. Juli 1863.

Königliches Regierungs=Präsidium.

Toop.

66.

Glogau. Schlesische Provinzialblätter.

Die in Euer Wohlgeboren Verlag erscheinende Zeitschrift „Schlesische Pro=vinzialblätter" enthält im 6. Hefte des 2. Bandes (neue Folge) von Seite 347 ab einen Artikel, dessen Inhalt die öffentliche Wohlfahrt im Sinne des §. 1. der Verordnung vom 1. Juni 1863, betreffend das Verbot von Zeitungen und Zeit=schriften, im hohen Grade gefährdet.

Der Artikel enthält in seinen Betrachtungen der Erhebung von 1813 und der Folgezeit an einer Anzahl von Stellen gröbliche Verletzungen der schuldigen Ehrfurcht gegen das Andenken Sr. Majestät des Königs Friedrich Wilhelm III., welche zum Theil bis zur direkten Beleidigung ausarten. Auf Seite 361 und 362 ergeht sich dieser Aufsatz in den unzweideutigsten beleidigenden Anschuldigungen gegen den Adel, und bringt die aus diesem Stande in den Jahren 1811 und folgenden an Allerhöchster Stelle eingereichten Adressen in einer Form mit den in neuester Zeit Sr. Majestät dem Könige von einer Anzahl getreuen Unterthanen dargebrachten Ergebenheitsadressen in Verbindung, welche sich als eine Gefährdung des öffentlichen Friedens durch Aufreizung der Angehörigen des Staates gegen ein=ander darstellt. Hierbei kann auch ein Grund für eine mildere Beurtheilung des bezeichneten Aufsatzes in dem Umstande nicht erblickt werden, daß ein Theil desselben nur Wiederholungen aus älteren Schriften enthält, da ein solches Wiederholen an sich die Strafbarkeit nicht ausschließt und überdies der ganze Aufsatz seinem Ge= sammtinhalt und seiner Sprachweise nach in einem völlig exorbitanten Maße die Grenzen einer besonnenen und sachgemäßen freien Meinungsäußerung überschreitet und nur dahin wirken kann, einen vergiftenden Einfluß auf eine richtige und vor= urtheilsfreie Beurtheilung und Kenntniß der vaterländischen Zeitereignisse und ihres Entwickelungsganges auszuüben.

Auf Grund der §§. 1. und 3. der Eingangs allegirten Verordnung ertheile ich Ihnen hiermit eine Verwarnung.

Liegnitz, den 27. Juli 1863.

Der Regierungs=Präsident.
Graf Zedlitz=Trützschler.

67.

Brieg. Oderblatt.

(Zweite Verwarnung.)

Die in der Nr. 58 des in Ihrem Verlage erscheinenden „Oderblattes" be= findliche Erzählung „Eine Königin" enthält in ihren Schlußsätzen die allgemeine Behauptung, „daß auf dem Altare der Priester und Feudalen in Europa zu Ehren Gottes Menschen als Opfer geschlachtet wurden." Mit dieser Behauptung wird offenbar beabsichtigt, den Priesterstand durch Schmach herabzusetzen und die Kirche zu erniedrigen, auch die Staatsangehörigen zum Haß gegen einander anzureizen. Da Ew. Wohlgeboren wegen der verwerflichen Haltung des Oderblattes bereits mittelst Verfügung vom 8. d. M. eine Verwarnung erhalten haben diese aber fruchtlos geblieben ist und das Oderblatt in seiner die öffentliche Wohlfahrt ge= fährdenden Haltung beharrt, so wird Ihnen auf Grund der Verordnung vom 1. Juni d. J., betreffend das Verbot von Zeitungen und Zeitschriften, hiermit die zweite Verwarnung mit dem Bemerken ertheilt, daß, wenn auch diese zweite Verwarnung fruchtlos bleiben sollte, unnachsichtlich das Verfahren wegen des Ver= bots des in Ihrem Verlage erscheinenden Oderblattes eingeleitet werden wird.

Breslau, den 27. Juli 1863.

Königliches Regierungs=Präsidium.
v. Schleinitz.

Anmerk. d. Oderblattes: Indem die Redaktion ihre Leser daran erinnert, daß sich die durch obige Maßnahme angedeutete Stelle in jener zeitgeschichtlichen Erzählung von Gustav Rasch befindet, welche von der Breslauer Zeitschrift „Veranda" unter dem Titel „Die Königin Marie von Neapel" zuerst gebracht worden ist, dann auch noch anderwärts zu finden gewesen sein soll, dem „Oderblatt" aber durch freundliches Anerbieten des Verlegers jener Zeitschrift zum Abdruck zugegangen ist; — theilt sie zugleich vorläufig mit, daß sie sich zum Versuch entsprechender Schritte bezüglich vorstehender Verwarnung für verpflichtet erachtet und von dem Verlauf und Erfolg dieser Schritte zur Zeit Nachricht geben wird.

68.

Oels. Locomotive.

Die Nr. 85 der in Ihrem Verlage erscheinenden Zeitung „Locomotive an der Oder" enthält einen „das rheinisch-westphälische Abgeordnetenfest" überschriebenen Artikel. In demselben wird die Staatsregierung dem Volke und seinen Vertretern gegenübergestellt. Die Maßregeln der Staatsregierung werden als unerfreuliche bezeichnet, während es eine erfreuliche Erscheinung genannt wird, daß das Volk und seine Vertreter trotz aller Maßregeln einer unvolksthümlichen Partei für Recht und Freiheit einstehen.

Am Schlusse dieses Artikels wird noch auf die Verordnung vom 1. Juni d. J. hingewiesen und gesagt, wie auch seit dieser Verordnung das preußische Volk, seinem besten Kerne nach, seiner Ueberzeugung treu geblieben sei und nach wie vor beharrlich zu seinen Vertretern, den Geisteskämpfern für Recht und Freiheit, stehe.

Durch diesen Inhalt des bezeichneten Artikels wird beabsichtigt, die Staatsregierung zu schmähen, zum Ungehorsam gegen die Gesetze aufzufordern und die Angehörigen des Staats gegen einander aufzureizen.

Da der verwerflichen, die öffentliche Wohlfahrt gefährdenden Richtung dieses Artikels die Haltung der in Ihrem Verlage erscheinenden Zeitung entspricht, so wird Ihnen auf Grund der Verordnung vom 1. Juni d. J., betreffend das Verbot von Zeitungen und Zeitschriften, hiermit eine Verwarnung ertheilt.

Breslau, den 27. Juli 1863.   Königliches Regierungs-Präsidium.
Schleinitz.

Anmerk.: Der beregte Artikel war seinem wesentlichen Inhalt nach der Kölnischen Zeitung entlehnt.

69.

Culm. Przyjaciel Ludu.
(Zweite Verwarnung.)

In der Nr. 28 des in Ihrem Verlage erscheinenden polnischen Blattes »Przyjaciel Ludu« vom 11. Juli c. wird Seite 116 unter der Rubrik „Was hört man in der Welt?" die von der sogenannten National-Regierung decretirte Schließung der Petersburg-Warschauer Eisenbahn als eine nothwendige Maßregel bezeichnet, weil die Moskowiter auf dieser Bahn Hülfstruppen auf den Kriegsschauplatz schaffen. Weiter unten wird im Anschluß an die Mittheilung eines Artikels aus dem in Warschau erscheinenden polnischen Blatte »Prawda« denjenigen, welche keine Nationaltrauer tragen, mit dem Gerichte Gottes und der Nation gedroht.

Da es bekannt ist, daß die unter der Herrschaft Rußlands stehenden Bewohner polnischer Zunge und weiblichen Geschlechts die sogenannte Nationaltrauer als eine öffentliche Demonstration gegen die rechtmäßige russische Regierung tragen, so kann die allgemeine Anempfehlung dieser Tracht in einem in den preußischen Staaten erscheinenden Blatte keinen andern Zweck haben, als gegen die einheimische rechtmäßige Regierung eine gleiche Demonstration hervorzurufen resp. vorzubereiten.

Das Blatt »Przyjaciel Ludu« fährt also fort, eine die öffentliche Wohlfahrt ge= fährdende Haltung zu beobachten, indem es die der deutschen und polnischen Zunge angehörigen Bewohner dieser Provinz gegen einander aufreizt und die polnisch sprechenden preußischen Unterthanen gegen ihre Regierung einnimmt.

Ich finde mich daher veranlaßt, Ihnen hiermit mit Hinweisung auf §. 1. der Verordnung vom 1. Juni d. J., betreffend das Verbot von Zeitungen und Zeitschriften, die zweite Verwarnung zu ertheilen.

Marienwerder, den 28. Juli 1863.

Der Regierungs-Präsident.
Für denselben: Schaffrinski.

70.

Ahrweiler. Rhein= und Ahrbote.

In der Nr. 56 des in Ihrem Verlage erscheinenden Kreisblattes, der „Rhein= und Ahrbote", ist d. d. Berlin, den 8. Juli, ein Artikel abgedruckt, welcher sich über das Verhalten Sr. königlichen Hoheit des Kronprinzen zu den Maßnahmen der königlichen Staatsregierung und über eine dieserhalb Seitens Höchstdesselben mit Sr. Majestät angeblich gepflogene Korrespondenz ausläßt. Da die desfallsigen Mittheilungen, selbst wenn sie auf Wahrheit beruhten, nur durch eine sträfliche Indiskretion in die Oeffentlichkeit gelangt sein könnten und ihre Publikation unter allen Umständen einen Mangel an Ehrerbietung gegen Se. Majestät den König bekundet, so liegt um so mehr Veranlassung vor, Ihnen, wie hiermit geschieht, auf Grund der §§. 1. und 3. der Verordnung, betreffend das Verbot von Zeitungen und Zeitschriften, vom 1. v. M. eine Verwarnung zu ertheilen, als die bisherige Gesammthaltung Ihres Blattes als eine die öffentliche Wohlfahrt im Sinne der genannten Verordnung gefährdende zu betrachten ist.

Coblenz, 29. Juli 1863.   Königliches Regierungs=Präsidium.
Graf Villers.

71.

Anklam. Anklamer Zeitung.

In dem ersten Artikel der Nummer 83 des laufenden Jahrganges der von Ihnen herausgegebenen „Anklamer Zeitung" findet sich folgende Stelle: „während man die Männer, welche auf Grund der Verfassung Rechte ausüben und wahr= haft konstitutionell denken, verfolgt und als gefährlich bezeichnet, scheint es, als wenn diejenigen, welche sich außerhalb der Verfassung stellen und offen ihre Feind= schaft dagegen äußern, das Glück der Straflosigkeit genießen."

In dieser Stelle, insbesondere in ihrem Schlußsatze, ist eine Schmähung öffentlicher Behörden und das Bestreben zu finden, dieselben dem Hasse und der Verachtung auszusetzen.

Der Ausspruch, daß Straflosigkeit gewährt werde, setzt nach dem Sinne und Zusammenhange der vorhergehenden Worte voraus, daß nach Ansicht des Verfassers Strafe hätte eintreten sollen. Es liegt mithin in dieser Aeußerung ein durch keine

Thatsachen begründeter Vorwurf der Pflichtverletzung. Dieser Vorwurf kann nur gegen öffentliche Behörden gerichtet sein, denn da nur solche über Strafbarkeit zu befinden haben, so könnten auch nur sie Straflosigkeit zu Theil werden lassen.

Die hierin erkennbare die öffentliche Wohlfahrt gefährdende Haltung der von Ihnen herausgegebenen Zeitung hat sich bereits mehrfach und seit längerer Zeit kund gegeben, neuerdings auch noch wieder in Nr. 88 des laufenden Jahrganges.

Auf Grund der §. 1. und 3. der Verordnung vom 1. Juni d. J., betreffend das Verbot von Zeitungen und Zeitschriften, ertheile ich Ihnen daher hiermit eine Verwarnung.

Stettin, den 31. Juli 1861.

Der Regierungs=Vice=Präsident.

In Vertretung: Triest, Ober=Regierungsrath.

Anhang.

1. Schreiben des Königlichen Polizei=Präsidii zu Berlin an den Ver=leger des Kommunalblatts zu Berlin.

Die Nr. 25 des in Ihrem Verlage erscheinenden „Kommunalblattes" enthält auf S. 117 unter der Ueberschrift „Das Deputationsprotokoll zu Nr. 20 des vor=stehenden Protokolls" einen Artikel, welcher dahin wirkt, die Einrichtungen des Staats, die öffentlichen Behörden und deren Anordnungen durch Behauptung theils entstellter, theils gehässig dargestellter Thatsachen dem Hasse auszusetzen. Ihnen deshalb auf Grund der Verordnung vom 1. Juni d. J., betreffend das Verbot von Zeitungen und Zeitschriften, eine Verwarnung zu ertheilen, hält mich nur die Rücksicht auf die bisherige vorwurfsfreie Haltung des „Kommunalblattes" ab. Doch will ich nicht unterlassen, Sie darauf aufmerksam zu machen, daß eine solche bei Wiederholung ähnlicher Vorkommnisse und zwar ohne Rücksicht darauf erfolgen wird, ob das „Kommunalblatt" nur Auseinandersetzungen referirt, deren Inhalt unter die allegirte Verordnung fällt, oder ob es selbstständige Artikel dieser Art bringt.

Berlin, 23. Juni 1863.

Der Polizei=Präsident.

v. Bernuth.

2. Schreiben des Königlichen Regierungs=Präsidii zu Königsberg i. Pr. an die Verleger mehrerer Königsberger Blätter.

In Beziehung auf die Ausführung der Allerhöchsten Verordnung vom 1. d. M., das Verbot von Zeitungen und Zeitschriften betreffend, findet das Königliche Re=gierungs=Präsidium sich veranlaßt, zur Vermeidung von Mißverständnissen Euer

Wohlgeboren folgendes ergebenst zu eröffnen: Bei der Anwendung der bezeichneten Verordnung auf eine Zeitung oder Zeitschrift ist es völlig gleichgültig, ob die betreffenden Aufsätze und Artikel in Original-Artikeln oder Original-Korrespondenzen bestehen oder ob dieselben aus anderen Zeitungen entnommen sind. Ebenso ist ein Unterschied nicht zu machen zwischen ungesetzlichen und strafbaren Auslassungen des Zeitungsredakteurs und dessen Mitarbeiter und zwischen der Mittheilung ungesetzlicher und strafbarer Auslassungen Dritter; es genügt überhaupt der Ausdruck derartiger Auslassungen, gleichviel, von wem dieselben ausgegangen sind, um den Verleger dafür verantwortlich zu machen. Wenn beispielsweise in Versammlungen oder Vereinen dergleichen unternommen sein sollte, so würde auf diesfällige Mittheilungen die Verordnung vom 1. d. M. angewendet werden müssen. In dieser Beziehung wird an die Veröffentlichung der neuesten Vorkommnisse in einigen Stadtverordneten-Versammlungen und an die bekannte Erklärung einiger Berliner Zeitungs-Redakteure erinnert, welche Schriftstücke offenbar in die Kategorie des §. 1. der Verordnung fallen. — Wenn Euer Wohlgeboren mit dem Regierungs-Präsidio den Wunsch haben, daß dasselbe nicht in die Lage versetzt werden möge, gegen die p. p. Zeitung einschreiten zu müssen, so kann Ihnen nur die genaueste Beachtung der vorstehenden Andeutungen empfohlen werden.

Königsberg, den 8. Juni 1863.

Königliches Regierungs-Präsidium.

v. Kampz.

Register.

Nr.

MIX
Papier aus verantwortungsvollen Quellen
Paper from responsible sources
FSC® C105338

If you have any concerns about our products,
you can contact us on
ProductSafety@springernature.com

In case Publisher is established outside the EU,
the EU authorized representative is:
Springer Nature Customer Service Center GmbH
Europaplatz 3, 69115 Heidelberg, Germany

Printed by Libri Plureos GmbH
in Hamburg, Germany